특수아 부모교육

특수아 부모교육

연미희 저

동 문 사

머리말

부모교육에 관심을 갖고 논문을 쓰고 관련 책을 번역, 저술한 지 어느새 30년이 넘었다. 처음 유아교육현장에 근무하면서 학부모들의 자녀지도를 위한 방법을 모색하던 중 1989년 여름 미국 샌디에이고에서 열린 Gordon의 Parent Effectiveness Training(PET) 강사훈련에 참가하여 부모-자녀 간의 바람직한 대화방법 및 자녀지도를 위한 구체적인 의사소통기술을 습득하게 되었다, 이후 유아교육현장에서 실제로 부모들을 대상으로 부모교육 프로그램을 진행하면서 부모들에게 나타나는 프로그램의 긍정적 효과를 경험하였다.

현재 우리나라의 등록장애인은 261만 명 이상(2019년 기준)으로 중·고등학교의 학생 수를 모두 합한 숫자에 맞먹을 정도로 많지만 아직도 장애인들에 대한 사회적 시선과 처우 및 복지는 개선되어야 할 사항들이 많아 보인다. 특히 장애영유아를 양육하는 부모들은 24시간 신체적·정신적 스트레스와 피로에 시달리며, 부모사망 후 자녀의 장래에 대한 걱정과 불안이 몹시 크다. 따라서 심리적 불안과 고통을 겪고 있는 특수아 부모들에 대한 부모교육 및 상담 등의 다양한 지원은 매우 중요하고 시급하며 필요하다.

일반아동의 부모들처럼 특수아동의 부모들도 바람직한 부모역할을 하기 위해서는 마찬가지로 부모교육이 필요하다. 거기에 자녀의 특수성으로 인한 심리적 부담감과 미래에 대한 대책을 위해서는 부모연대가 중요하므로, 본서는 일반아동의 부모교육에 특수아동의 부모에게 필요한 사항을 첨가하여 특수아 부모들을 위한 교육 프로그램으로 내용을 구성하였다.

본서는 특수아의 부모들을 대상으로 부모교육 프로그램을 실시할 수 있도록 이론과 실제를 포함하였다. 그리하여 통합교육을 하고 있는 유아교육기관, 초등학교, 중학교 등 학교기관과 특수아동에 대한 교육적 지원 및 부모교육을 하는 복지관 등에서 부모교육에 관한 지식과 기술을 습득한 강사들이 쉽게 활용할 수 있도록 부모교육의 구체적인 내용 및 방법을 제시하였다.

본서는 총 10장으로 구성되었으며, 구체적인 책의 내용은 다음과 같다.

1부는 특수아 부모교육의 이론편으로 특수아 부모교육의 이해(1장), 특수아 가족의 이해(2장), 다양한 부모교육 프로그램(3장)으로 구성되었다.

2부는 특수아 부모교육의 실제편으로 특수아 부모교육의 운영방법(4장) 및 회기별 내용(5장-10장)을 포함하였다.

1회기: 부모의 스트레스 이해 및 대처방안(5장)

2회기: 부모의 양육태도 및 효율적인 부모역할(6장)

3회기: 부모-자녀 간의 바람직한 의사소통방법(7장)

4회기: 부모-자녀 간의 민주적 문제해결방법(8장)

5회기: 자녀의 발달단계에 따른 부모의 역할(9장)

6회기: 부모들 간의 상호지원(10장)

본서는 통합교육을 실시하는 교육현장이나 복지관 등에서 특수아 부모교육을 위한 프로그램의 교재로 개발되었으나, 특수아 부모교육에 관심이 있는 강사, 부모, 일반인도 자녀양육 및 교육에 도움이 될 수 있도록 자세한 지도내용 및 방법 등을 제시하였다.

인생의 힘든 여정 속에서 밝은 빛을 향하여 고군분투하는 특수아를 양육 및 교육하는 부모들과 교사들에게 작은 보탬이 되길 바라며, 이 책의 발간을 맡아주신 동문사 이중수 사장님과 관계자 여러분의 노고에 진심으로 감사를 드립니다.

2020년 11월
저자 드림

차 례

머리말 4

PART 01 특수아 부모교육의 이론편

Chapter 01 **특수아 부모교육의 이해** **11**
1. 특수아 부모교육의 중요성 13
2. 특수아 부모교육의 의미와 목적 14
3. 특수아 부모교육의 효과 23
4. 특수아 부모교육의 방향 25

Chapter 02 **특수아 가족의 이해** **27**
1. 특수아 부모의 특성 29
2. 특수아 부모의 심리적 적응 30
3. 장애아동 부모의 학습 특성과 욕구 36

Chapter 03 **다양한 부모교육 프로그램** **41**
1. 부모효율성훈련 43
2. 체계적 부모효율성훈련 56
3. 적극적 부모역할 훈련 69
4. 행동수정 부모교육 79
5. 교류분석 부모교육 87
6. 감정코칭 부모교육 99

PART 02 특수아 부모교육의 실제편

Chapter 04 **특수아 부모교육의 운영방법** 107

1. 특수아 부모교육의 목적 109
2. 특수아 부모교육의 내용 110
3. 특수아 부모교육의 진행방법 110
4. 특수아 부모교육의 평가 114

Chapter 05 **1회기 : 부모의 스트레스 이해 및 대처방안** 115

1. 이론적 배경 117
2. 부모용 자료 127

Chapter 06 **2회기 : 부모의 양육태도 및 효율적인 부모역할** 139

1. 이론적 배경 141
2. 부모용 자료 147

Chapter 07 **3회기 : 부모-자녀 간의 바람직한 의사소통방법** 151

1. 이론적 배경 153
2. 부모용 자료 171

Chapter 08 **4회기: 부모-자녀 간의 민주적 문제해결방법** **179**

1. 이론적 배경 181
2. 부모용 자료 192

Chapter 09 **5회기: 자녀의 발달단계에 따른 부모의 역할** **203**

1. 이론적 배경 205
2. 부모용 자료 216

Chapter 10 **6회기: 부모들 간의 상호지원** **219**

1. 이론적 배경 221
2. 부모용 자료 227

부록 **특수아 부모교육 및 자녀지원을 위한 관련기관** **229**

참고문헌 232

PART 01

특수아 부모교육의 이론편

Chapter 01

특수아 부모교육의 이해

1. 특수아 부모교육의 중요성

통계청 자료에 따르면 2020년 조사에서 등록장애인은 전체 인구의 5% 정도로 2019년 전체 장애인은 2,618,918명이다. 또한 0-19세 장애인은 90,068명이고, 0-8세 장애 유아의 수는 25,682명이며, 초등학교 입학 전의 0-5세 영유아의 수는 9,679명이 특수교육대상자로 나타나고 있다(통계청 홈페이지. 2020).

2018년 보육통계에 따르면, 11,773명의 장애 영유아가 어린이집에 다니고 있으며, 장애 영유아의 주 양육자는 90.3%가 어머니로 나타났고, 자녀돌봄시간이 평일 8시간, 주말 14시간으로 높게 나타났다. 돌보는 양육자(주로 어머니들)들의 신체적·정신적 사항에 관한 조사에서 육체 피로도 77.6%, 건강상의 문제 48.5%, 우울 50.2%, 장래에 대한 걱정 90.8%로 높게 나타나고 있다. 따라서 양육자의 신체적 피로 및 정신적 우울감과 걱정 등으로 인해 장애 영유아의 부모들을 위한 모성지원 및 부모교육이 어린이집에서 필요하다고 정책적으로 제안하고 있다(박창현 외. 2019).

장애아 부모교육의 필요성이 강조되는 이유는 다음과 같다(이영호·김혜숙. 2015).

첫째, 부모의 자녀에 대한 기대가 무너짐으로써 생기는 충격, 즉 설마했던 자녀의 진단이 불치의 질병일 것이라고 쉽게 속단 내리고, 이 속단은 의료의 보람이 단시일 내에 나타나지 않음으로써 생기는 경우이다.

둘째, 신체 및 정신장애에 대한 중립적 태도를 취해야만 하는데서 오는 가치갈등, 즉 아주 부정적으로 받아들일 수도 없는 질병의 현 상태, 그렇다고 긍정적으로 낙관해 가면서 받아들일 수도 없는 장애자녀와의 관계에서 생기는 갈등이다.

셋째, 현실적 스트레스, 즉 장애자녀를 돌봄에 있어 여러 가지 현실적인 문제(먹이기, 옷입히기, 대소변 돌보기, 외출하기, 공부하기 등)에 부딪힐 때마다 긴장감이 생긴다.

장애아의 부모는 만성적인 슬픔에 싸여있다. 이를 위해 부모교육은 부모들의 심리적 상담 및 지원뿐만 아니라 자녀의 현실적 문제(식사, 옷입기 등)에 대한 기술을 습득시켜 줌으로써 감소시킬 수 있을 것이다. 또한 장애아동의 가정에서 부모가 장애아동을 잘 융합시키지 못함으로써 일어나는 가정 내 역할위기가 있다. 이는 매일의 생활 속에서 가족구성원 전원이 장애아동을 기술적으로 잘 취급하고 융합시킴으로써 해결될 것이다. 자녀의 장애로 차별을 받았던 경험이 51.8%이며, 장애인에 대한 사회적 차별의 변화가 없다는 지적이 56.2%로 조사(박창현 외. 2019)된 것을 보면, 장애아 부모의 심리적 스트레스가 많다는 것을 짐작할 수 있으므로 이에 대한 해소방안이 필요하다는 것을 알 수 있다.

장애아도 비장애아와 마찬가지로 그 장애 정도를 막론하고 신체적·정신적 측면에서 계속 성장·발달한다. 예를 들면, 장애아를 둔 부모는 장애아에게도 성교육을 비롯한 성인으로 되어가는 모든 준비를 위한 교육을 시켜야 한다. 따라서 장애아 부모는 다른 비장애 자녀와 마찬가지로 장애자녀가 성장하는 과정에서 최상의 잠재력과 모든 능력을 유지하도록 이끌어 주어야 하며 관심을 가져야 한다. 그리하여 일반 영유아 부모들을 위한 부모교육이 필요한 것처럼 특수아 부모들을 위한 부모교육도 마찬가지로 필요하며, 부모들의 상황이 다른 점을 감안하여 내용의 구성에 변화를 반영해야 할 것이다.

2. 특수아 부모교육의 의미와 목적

1) 부모교육의 의미

장애유아를 위한 교육의 목적은 현재의 장애를 줄이고, 이 장애로 인해 일어날 수 있는 이차적인 장애를 예방하는 데 있다(Neisworth & Bagnato.

1987). 또 이런 장애유아교육을 위해서는 가족, 특히 부모의 협력이 필수적이라고 할 수 있다. 그리하여 부모는 부모교육 프로그램 등을 통해서 영아기의 비언어적인 신호에 민감하게 반응하고 쉽게 이해하며, 또 아동과의 상호작용을 촉진시킬 수 있는 기술을 습득하여 자녀를 양육하고 교육하는데 자신감을 가질 수 있다. 이러한 중요성의 인식으로 아동중심 프로그램에서 가족이 조기 특수교육의 일차적인 대상이 되어야 하고, 우선적인 목표도 가족이어야 한다고 강조하고 있다(이영호 · 김혜숙. 2015).

장애 발견 후 대부분의 부모는 현재 아동의 상태와 치료 · 교육에 모든 관심을 두고 있어, 가족이나 부모교육 프로그램보다는 아동을 직접 치료 · 교육하는데 더 많은 비중을 두고 몰두하게 된다. 그러나 장애아동에게 바람직한 환경을 만들어 주고, 장애아동을 위해 장기적인 목적을 세우고, 또 장애아동과 가족 모두의 바람직한 적응 그리고 궁극적으로 아이들이 성장해서 함께 살아갈 사회환경에서의 적응을 위해서는 부모의 역할이 결정적이다(이영호 · 김혜숙. 2015). 따라서 특수아 부모교육을 통해 얻을 수 있는 장점들은 다음과 같다. 첫째, 아동과 부모와의 긍정적인 상호작용을 촉진시킬 수 있다. 둘째, 부모는 장애아를 키우며 겪는 스트레스에 대처하는 방법을 배울 수 있다. 셋째, 부모에게 자녀를 가르칠 수 있는 지식과 기술을 가르쳐 효과적인 교사로서의 역할을 익힐 수 있다는 것이며, 이로 인해 교육의 긍정적인 결과에 매우 중요한 영향을 미친다는 것이다(Brickman & Weatherford, 1986; 이영호 · 김혜숙. 2015 재인용).

(1) 양육태도의 중요성과 의미

부모의 양육태도 및 양육환경은 특별히 발달의 결정적인 시기에 있는 영유아기 아이들의 발달에 지대한 영향을 준다. 영유아기에 일차적으로 가정에서 사회적 경험을 시작하며, 가족구성원과의 상호작용을 통해서 사회성 발달의 기초를 쌓게 되고, 영유아가 갖는 개인적인 관계, 즉 부모의 관계, 형제간의 관계들은 사회적인 적응에 상당히 영향을 미친다. 그러나 부모가 장애아와 처음부터 긍정적인 상호작용을 한다는 것은 쉽지 않다(이영호 · 김혜숙. 2015).

장애를 가진 자녀의 출생으로 인한 부모의 고통이 초기에 영유아와 부모 간의 상호작용에 영향을 주게 된다. 부모는 장애아를 양육하는데서 오는 스트레스와 건강에 대한 염려, 경제적인 문제들에 직면하게 되고, 이로 인해 자녀가 요구하는 반응에 민감하게 반응하지 못할 수 있다. 더구나 장애를 가진 아이의 경우 기질이 까다롭거나 부모에 대해 반응을 적게 보이게 되므로 부모도 아이에 대한 반응이 소극적이 되고, 점차 상호작용의 빈도가 낮아지게 된다.

그러나 정상발달을 보이는 영유아나 장애를 가진 영유아 모두가 신체적 그리고 심리적인 욕구를 가지고 있으며, 영유아들의 건강과 잠재력을 최대한 개발시켜 주기 위해서는 영유아들의 이러한 욕구에 적절하게 대처해야 한다는 것이다.

그러므로 영유아의 발달을 위한 환경이 되기 위해서는 영유아의 발달 및 특성을 이해하고, 자녀가 보내는 신호에 민감하게 반응하며, 자녀와 긍정적인 상호작용을 위한 기술, 일상생활 안에서 자녀의 발달을 촉진시킬 수 있는 방법을 부모교육을 통해 부모가 배우는 것이 영유아의 성장·발달에 큰 영향을 줄 것이다.

(2) 건전한 가족의 기능 유지를 위한 부모지원

장애아가 가족에게 미치는 부정적인 영향으로는 자녀의 행동을 통제할 수 없을 때 오는 스트레스, 자식으로부터 얻지 못하는 부모로서의 자긍심, 주변의 따가운 시선, 부모에 대한 동정심, 자녀에게 제공되어야 할 부가적인 교육과 치료로 인한 경제적 어려움 등을 들 수 있다(정소연. 2013). 또 장애아의 출산으로 죄책감을 갖기도 하고, 이로 인해 자녀와의 애착관계, 효과적인 부모역할과 건강한 가족 구조와 부부관계, 가족의 삶의 질 등에도 부정적인 영향을 미칠 수 있다. 그러므로 부모 자신에 대한 존중감, 양육 기술에 대한 자신감, 고립이나 우울 감정의 극복 그리고 장애아의 형제나 조부모의 적응 및 욕구에 대한 배려 등에 대한 지원 프로그램이 필요한 것이다. 또한 가족 모두의 참여를 통해서 자녀의 양육과 교육에 대한 지식과 정보를 어머니뿐만 아니라 가족 모두가 함께 공유하여 참여하는 것도 필요하다. 그리고 정상발달의 영유아보다 양육 스트레스가 많고, 치료·교육에 참여하는 시간이 많은 어머니에게 가사나 양육의 분담 등 실제적인 양육 협조 및 심리적인 지원 역할을 할 수 있도록 지원이 필요하다.

전국장애인 부모연대의 장애인 가족지원센터협의회는 2020년 현재 17개 시·도에 설치된 75개 장애인가족지원센터를 통해 장애인 개인뿐만 아니라 가족구성원 모두 건강하고 온전한 삶을 영위할 수 있도록 각 가족의 상황에 맞는 최선의 지원 방법을 모색하고 있다. 그리하여 장애인가족지원센터는 지역사회의 장애인 가족이 더 이상 가족의 위기와 해체의 시련을 겪지 않도록 방지하고 가족의 자생력을 강화하여 장애인과 가족이 모두 행복할 수 있도록 가족중심 실천 환경 조성을 위해 3가지 주요 활동을 전개하고 있다(전국장애인 부모연대 홈페이지. 2020).

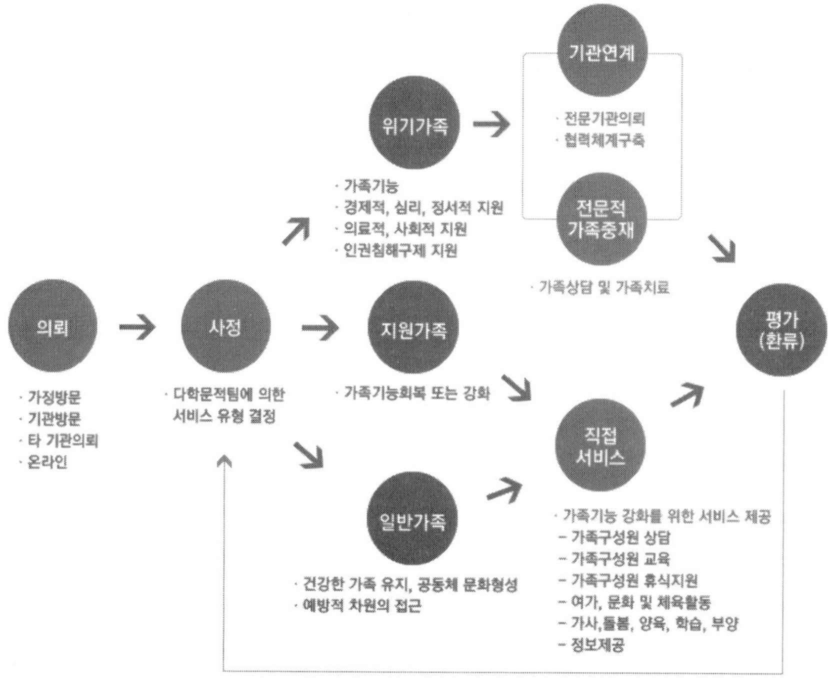

그림 1-1 장애인 가족지원 서비스의 흐름도

출처: 전국장애인 부모연대 홈페이지. 2020.

장애인 가족지원 서비스의 흐름도 및 3가지 주요 활동은 다음과 같다.

첫 번째 활동은 가족지원서비스(Family Support Services)이다. 장애 자녀에 대한 돌봄과 양육의 책임을 고스란히 부담하는 장애인 가족은 비장애인 가족에 비하여 상대적으로 경제적인 부담과 부정적인 정서경험, 가족갈등, 미래에 대한 불안과 노년 및 사후의 장애자녀에 대한 걱정, 사회적 고립 등의 어려움을 경험하고 있다. 장애인 가족의 다양한 어려움뿐만 아니라 가족의 회복력을 실제로 경험한 장애인 부모가 운영하는 단체 소속의 장애인가족지원센터는 장애인 가족에 대한 종합적인 이해를 통하여 가족별 맞춤형 서비스를 지원한다.

출처: 전국장애인 부모연대 홈페이지. 2020.

두 번째는 가족중심 실천서비스(Family-Centered Services)이다. 가족중심 실천서비스는 각각의 가족은 모두 고유한 특성을 가지고 있다는 인식과 가족은 장애인 자녀의 삶 전반에서 지속적이고도 일차적인 지원집단으로서 장애인 자녀의 강점과 욕구를 그 누구보다도 가장 잘 알고 있는 전문가라는 인식에서 비롯된다. 가족중심 실천서비스에서 장애인 가족 구성원 모두의 강점과 욕구는 가족지원서비스의 중심에 위치하며 가족은 가족지원서비스 전문가와 파트너로서 가족이 필요로 하는 지원과 서비스를 충분한 정보에 입각하여 결정할 수 있다.

출처: 전국장애인 부모연대 홈페이지. 2020.

세 번째는 기관역량강화(Capacity Building)이다. 지역사회 장애인 가족을 위하여 전문적이고도 질적인 서비스를 제공하기 위하여 전국의 50여 개 장애인가족지원센터는 센터의 관리자 및 실무자의 역량강화교육을 정기적으로 수행하며 장애인 가족지원서비스의 표준화를 지속적으로 모색하며, 지역사회의 협력네트워크를 구축하고 긴밀히 연계하고 있다.

출처: 전국장애인 부모연대 홈페이지. 2020.

그리하여 각 지역의 장애인가족지원센터는 장애가족을 위한 가족역량 강화사업으로 비장애 형제·자매 프로그램, 부모교육, 부모 자조모임, 휴식지원의 다음과 같은 4가지 사업을 지원하고 있다.

표 1-1 부모교육 사업내용 및 지원내용

부모교육 사업내용	부모교육 이용대상	부모교육 지원내용
부모의 양육역량 증진	장애자녀의 부모 및 주양육자	• 장애자녀 양육역량강화교육 • 생애주기별 양육기술교육(장애자녀의 발달, 비장애 형제·자매의 장애에 대한 올바른 이해) • 장애자녀와의 실제 상호작용을 중심으로 한 일상생활 훈련, 의사소통기술 • 장애자녀의 학교 진학 상담, 입학설명(특수학교/학급), 취업 • 장애자녀의 권리 옹호 및 보호를 위한 지식 • 가정 내 비장애 형제·자매 양육 및 주양육자와 부양육자 간의 역할 분담

출처: 서초장애인가족지원센터 홈페이지. 2020.

표 1-2 비장애 형제·자매 프로그램 사업내용 및 지원내용

비장애 형제·자매 프로그램 사업내용	비장애 형제·자매 프로그램 이용대상	비장애 형제·자매 프로그램 지원내용
비장애 형제·자매들의 장애이해, 장애 형제·자매들의 이해 정보를 제공하고, 비장애 형제·자매가 겪는 심리적 어려움 및 스트레스를 해소	장애 형제·자매를 둔 형제·자매	• 장애이해교육 • 야외활동(체험) • 학습기회 제공 • 장애 관련 정책 설명회, 세미나 등

출처: 서초장애인가족지원센터 홈페이지. 2020.

표 1-3 부모 자조모임 사업내용 및 지원내용

부모 자조모임 사업내용	부모 자조모임 이용대상	부모 자조모임 지원내용	이용료
자조모임은 부모들의 자발적인 모임으로 서로 간의 교류와 소통을 통해 정서적인 치유와 유용한 정보를 공유하는 자리	장애자녀의 부모	장애자녀를 양육하는 부모들의 자조집단을 형성하여 가정의 자립 및 역량강화를 지원함	활동에 따라 비용이 발생할 수 있음

출처: 서초장애인가족지원센터 홈페이지. 2020.

표 1-4 휴식지원 사업의 대상 및 내용

휴식지원 대상	휴식지원 내용
장애인 가족	가족캠프를 통해 가족구성원 간의 상호이해와 유대감을 강화하며 장애인 가족에게 휴식을 제공하여 심리적 안정을 도모함

출처: 서초장애인가족지원센터 홈페이지. 2020.

2) 부모교육의 목적

특수아 부모교육의 목적은 장애아의 부모를 대상으로 부모 자신의 이해와 효율적인 역할에 대한 통찰을 제공하여 부모로서 능력의 개발과 강화를 통한 진정한 성장을 돕고, 이를 바탕으로 부모로서 자신감을 가지고 자녀를 올바르게 성장·발달시키는 역할을 효율적으로 수행해 나가도록 도와주는 것이다.

3. 특수아 부모교육의 효과

특수아 부모교육의 효과는 장애아에게 나타나는 효과, 부모 및 가족에게 나타나는 효과, 교육기관 및 지역에 나타나는 효과로 구분할 수 있다(이영호·김혜숙. 2015).

1) 장애아에게 미치는 효과

첫째, 아동발달에 결정적 영향을 미치는 시기에 부모들이 교사의 역할을 함으로써 최적의 학습 환경을 조성하여 자녀의 학습을 촉진시킬 수 있다.

둘째, 교육기관과 가정 간의 학습의 연속성과 협력이 가능하여 아동이 학습한 기술과 지식을 다른 환경에 적용하는 데 도움을 줄 수 있다.

셋째, 학교생활에 필요한 기술을 미리 가정에서 학습시킬 수 있다.

넷째, 가정과 교육기관과의 일관된 기대는 아동의 학습과 행동에 긍정적인 영향을 주며, 부모와 교사 간의 갈등도 해소할 수 있다.

마지막으로 부모들이 장애자녀에게 가졌던 잘못된 태도를 변화시킴으로써 아동의 행동이 긍정적으로 변화될 수 있다.

2) 부모 및 가족에게 미치는 효과

첫째, 부모에게 장애자녀로 인한 문제들을 효과적으로 극복할 수 있는 최대한의 지지와 격려가 주어져서 부모와 가족의 문제해결능력 및 심리적 안정 등을 도모할 수 있다.

둘째, 부모는 자녀를 지도하는 역할을 함으로써 자신감 및 능력을 향상시킬 수 있다.

셋째, 부모들의 다양한 관심영역, 중재기술, 행동지도, 일반아동의 성장·발달, 장애에 대한 지식, 가족기능의 활성화에 대한 정보제공으로 인해 자녀와의 상호작용 향상 및 원활한 가족기능 수행에 도움을 받을 수 있다.

넷째, 부모는 지역사회 자원에 대해 인식하고 이를 적절히 이용할 수 있다.

다섯째, 부모는 장애자녀의 강점 및 약점에 대하여 올바르게 파악하여 적절한 기대수준을 형성할 수 있다.

여섯째, 부모는 자녀의 교육활동 전반에 대해 익숙해짐으로써 교육기관의 교육방향 및 지침에 긍정적인 태도를 가질 수 있다.

마지막으로 부모는 다른 장애자녀 부모와의 만남으로 보다 실제적인 정보교환이 가능하며 공감대를 형성할 수 있다.

3) 교육기관 및 지역에 미치는 효과

첫째, 부모들의 참여로 아동교육에서 요구되는 인적자원을 양적으로 확대시킬 수 있다. 따라서 개별지도의 기회가 증진되고 프로그램의 경비가 감소되어 서비스의 질을 향상시킬 수 있다.

둘째, 장애아에 대한 교육기관 및 교사의 책임감을 증진시킬 수 있다.

셋째, 부모들이 교육기관 및 지역사회기관과의 중재 및 자문역할을 담당하여 교육기관의 프로그램에 대한 지역사회 자원을 증가시키고 장애아동 및 특수교육에 대한 사회인식의 변화를 초래할 수 있다.

마지막으로 가정, 교육기관, 지역사회가 삼위일체가 될 수 있는 교육이 가능해질 수 있다.

4. 특수아 부모교육의 방향

장애아의 건전한 성장과 발달을 위하여 실시되는 부모교육은 2가지 관점에서 접근방법을 모색할 수 있다(이영호·김혜숙. 2015).

첫째, 부모로서 역할수행에 필요한 지식, 이해 및 기술을 부여하여 장애자녀의 치료교육 등의 보조자적 역할, 더 나아가서 치료자, 교육자 등의 역할을 수행하도록 돕는 것이다.

둘째, 장애자녀의 출현으로 인한 가정과 부모의 역할 위기나 정서적 문제의 해소를 통한 재투자의 관점으로 볼 수 있다. 장애자녀의 출현 이후 부모 자신의 보람된 삶을 위한 진정한 성장이 요구된다.

장애아의 부모는 부모로서의 역할을 수행하는데 있어서 장기간 지속되는 심리적 스트레스가 어머니의 신체적 건강을 위협하고, 우울증이나 불안 증상을 초래할 수 있다. 또한 이 부모들의 욕구는 심리적인 문제를 포함하여 다음과 같은 욕구들이 있다.

- 장애인 전반에 관한 지식 및 정보 제공
- 자녀의 재활과정에 적극적으로 참여하고, 부모가 해야 할 역할에 대한 바른 이해
- 지역사회의 일원 및 유능한 개인으로서 스스로를 동일시
- 장애아의 현재와 미래에 대한 정확한 이해

이러한 사항들은 장애아 부모 또는 가족이 일반적으로 겪는 심리적 문제들로서 어떤 형태로든지 해결되지 않으면 장애아는 물론 부모의 육체적·정신적 건강과 성장에 부정적인 영향을 미치게 된다. 그래서 특수아 부모교육의 효과는 부모의 심리적·정신적 건강이 유지되어야만 극대화할 수 있으므로 장애아뿐만 아니라 장애아를 가진 부모나 가족이 모두 성장할 수 있는 교육 프로그램이 요구된다.

Chapter

02

특수아 가족의 이해

1. 특수아 부모의 특성

부모들은 자신의 자녀가 장애아라는 사실을 알게 되었을 때 큰 충격을 받으며, 수치심·우울·죄책감·분노와 같은 정서적 반응을 보인다. 그러나 장애아 부모들은 시간이 지남에 따라 이러한 초기의 정서적 혼란 상태에서 벗어나 평정을 되찾으며, 나름대로 장애아의 존재에 적응해 간다. 하지만 장애자녀의 존재 자체가 부정적인 감정을 계속 일깨우는 자극원이 되어 부모에게 육체적·정신적 긴장을 가중시킴으로써 자녀가 성장해가는 동안 지속적으로 슬픔·근심·우울과 같은 부정적 감정을 갖게 된다(이영호·김혜숙. 2015).

장애아 어머니는 비장애아 어머니에 비해 걱정이나 불안 정도가 높고, 우울 증상이 많이 나타날 뿐만 아니라 부모로서의 능력에 대한 자신감도 떨어진다. 또한 장애아 부모는 장애아의 부족한 능력이나 외모로 인해 거부나 분노, 절망과 같은 부정적 감정을 느낌과 동시에 자녀 출생 후 자신이 부정적인 방향으로 변했다고 보고하는 비율이 높으며, 장애아 부모는 비장애아 부모에 비해 스트레스 수준이 높다. 또한 장애아로 인해 발생되는 부정적인 감정이 부부관계에 악영향을 끼쳐 장애아 부모는 이혼율이 높고, 비장애아 부모에 비해 결혼만족도가 낮은 경우도 있다. 반면 장애의 정도가 심각할수록 오히려 결혼만족도가 높은 경향을 발견함으로써 장애아의 존재가 부부 사이의 유대를 더욱 강화시킨다는 주장도 있다(이영호·김혜숙. 2015).

한편 장애아 어머니들이 겪게 되는 큰 어려움 중 하나는 장애아 양육에 많은 시간과 노력이 요구된다는 점이다. 장애아는 일상생활에서 부모에 대한 의존도가 높아 추가 양육 부담이 크기 때문에 장애아 부모는 비장애아 부모에 비해 육체적·정신적 피로를 더 많이 느끼며, 장애자녀는 양육자인 부모에게 장기적으로 지속적인 긴장을 부과한다(정소연. 2013).

2. 특수아 부모의 심리적 적응

1) 장애아동 부모들의 적응이론

(1) 단계이론

장애아 부모의 심리사회적인 적응을 다루고 있는 대부분의 문헌들은 상실개념에 근거한다. 장애아에 대해 부모들은 충격으로 시작하여 혼란단계에 이르게 된다(이영호·김혜숙. 2015).

장애아 부모들이 지니고 있는 감정들은 우울함, 변화, 응어리, 상처, 죄의식, 희망, 증오 그리고 포기 등의 다양한 감정들이 있으며 그 변화과정은 다음과 같다(이영호·김혜숙. 2015).

첫째, 불확실성을 갖는 단계로 정확한 진단을 받기 전까지의 근심하는 과정이다.

둘째, 충격으로서 전문가의 대처방법이나 조언이 받아들여지지 않는다.

셋째, 부정의 단계로서 기적적인 치료나 좀 더 희망적인 진단을 기대하며 의사 등을 찾아다닌다.

넷째, 죄의식의 단계로서 자녀에 대한 책임감을 느끼며 사랑하는 마음과 때로 거부감 및 증오심을 느끼기도 한다.

다섯째, 분노의 단계로 왜 나에게 장애아가 태어났을까 하는 의심과 불공평한 감정을 갖게 된다.

여섯째, 우울단계로 장애에 대해 염려하며 자녀가 할 수 없는 일을 비장애아들이 하는 것을 볼 때 나타나게 된다.

일곱째, 수용단계로 여러 감정의 과정을 극복하게 되면 안목을 갖고 장래 계획을 세우게 되는데, 이때 비로소 장애아에 대한 실제적인 문제들을 생각하게 된다.

단계이론에 의하면, 부모들은 결국 수용의 단계에 이르게 된다. 자녀의 장애로 인해 부모가 위기를 맞게 되는 것은 분명하다. 그러나 가족들은 결국, 자녀의 장애를 수용하는 마지막 단계까지의 순차적인 단계를 반드시 겪게 된다는 것이다.

(2) 재발하는 슬픔 모델

거의 모든 장애아 부모들은 자신의 자녀를 수차례 여러 상황에서 거부했다가 또 수용하곤 한다고 밝혔다. 이 모델에서는 결과가 예정되어 있기보다는 적응상태가 지속되는 것으로 보고 있다. 슬픈 감정이 해결되지 않는 것은 정상적이며, 자녀가 사춘기가 되거나 성인이 되기 시작하는 시기와 같은 특정한 인생 시점에서 그러한 감정이 분출될 수 있다. 그러므로 변화되는 시기에 가족이 장애아와 더불어 더욱 편안하게 생활하고 관리하도록 하는 것이 상담의 목적이 된다.

이 모델을 토대로 부모들이 슬픔과 위기의 시기를 반복하여 겪고 있다고 제시하는 전문가들이 있다. 그들의 환경관리 능력은 사회적·치료적 지원, 문화적·윤리적 지원, 장애의 성격, 여러 다른 요인들에 달려있다. 정서적 지원, 물리적 원조와 같은 자원을 더 많이 가지고 있는 부모들이 더 나은 결과를 갖게 되며, 부모들이 더 큰 사회적 지원을 받을 때 개인의 안녕이 증가하는 것으로 나타났다.

(3) 가족체계적 관점

가족체계 준거틀의 개념으로 장애아 부모들이 경험하는 적응 문제들을 설명할 수 있다. 가족체계적 사고에서는 관심을 개인으로부터 체계로 옮기면서 부모가 장애아에게 적응하는 과정에 대해 다른 관점으로 본다.

일반체계이론의 핵심은 부분들을 이해하기 위해서는 부분들의 관계뿐만 아니라 전체와 관련하여 파악해야 한다는 것에 있다. 즉, 체계이론은 격리되어 있는 실체들보다는 실체들 간의 관계에 초점을 두며, 교류, 사회적 상호작용 그리고 개인-환경 간 교환과 적응을 강조하고 있다.

전체는 여러 부분들로 구성되며, 전체는 부분들의 합보다 크다. 즉, 가족체계에서는 가족을 개인들의 단순한 집합이 아닌 것으로 보며, 각 개인들의 합으로 확산될 수 없는 하나의 역동적인 전체라는 관점에 기인하고 있다.

항상성 개념은 체계이론에서 중요한 개념이다. 체계는 안정된 상태로 돌아가려는 경향이 있다. 어떤 것이 이 안정성을 위협할 때, 환류가 체계의 항상성을 회복하기 위해 반응을 한다. 체계 내의 한 부분에 변화가 일어나면 관계의 성격이 변하고 불균형이 야기되는 것 같이 다른 부분에도 변화가 일어날 수 있다. 환류를 통해 반응하는 동안 균형을 이루지 못한 가족은 예전의 관계로 돌아가거나 변화나 적응을 통해 항상성 회복을 추구한다. 환류에는 긍정적 환류와 부정적 환류 두 가지가 있다. 긍정적 환류는 변화를 유도하고, 부정적 환류는 안정성을 유지한다. 결국 환류는 체계의 적응이나 불안정을 증진시킨다.

체계는 개방적일 수도 있고 폐쇄적일 수도 있다. 밖으로부터 혹은 밖으로의 정보 흐름의 수준이 높은 체계를 개방체계라 하고, 경계선이 쉽게 넘나들 수 없는 체계를 폐쇄체계라 한다. 개방적일수록 가족체계는 보다 더 적응적이고 변화의 가능성이 높다. 장애아 부모에게 우울, 슬픔, 분노의 감정이 일어날 수 있다. 그러나 가족의 개방성은 이러한 감정을 정화시킬 수 있고 자녀에 대한 자신감을 증진시킬 수 있다. 또한 성공적인 적응은 체계에 대한 미래 위협이나 붕괴를 경계하게 되는 것이다.

가족체계이론은 장애아 부모들이 경험하는 적응 문제들을 충분히 설명할 수 있다. 가족체계적 사고에서는 관심을 개인으로부터 체계로 옮기면서 부모가 장애아에게 적응하는 과정에 대해 실제적인 이해를 제공한다. 모든 장애아 부모들은 장애아가 성장하는 과정에서 비탄스러운 사건을 반복적으로 겪게 된다.

장애아와 부모 각자는 더 이상 개인으로 머무르지 않는다. 개인이 가족이라는 체계에 포함됨으로써 개인 내면에 의미있는 변화가 일어난다. 즉, 가족구성원 간의 역동적인 상호작용을 통해 개인의 성장과 적응이 이루어질 수 있다. 이것은 장애아에게 엄청난 영향력을 부모가 주게 되고, 장애아는 부모나 형제들에게 기쁨과 좌절, 희망과 의미를 주게 된다.

예를 들어, 장애아 부모가 끊임없이 우리 아이가 장애가 없었으면 하고 비현실적인 소망을 가지고 자녀나 배우자와 교류한다면 이것은 부정적인 환류를 하며 산다고 할 수 있다. 이러한 경우 대체로 상대에게 부정적 영향을 주게 되어 가족 전체가 현재 상황에 적응하기 어려운 상황이 된다.

장애아 부모에게 우울, 슬픔, 분노의 감정이 분명하게 일어날 수 있다. 그러나 가족의 개방성은 이러한 감정을 정화시킬 수 있고, 자녀에 대한 자신감을 증진시킬 수 있을 뿐만 아니라, 성공적인 적응은 체계에 대한 미래의 위협을 잘 극복하고 위기상황을 충분히 대처하는 원동력이 된다.

또한 인간의 복합적인 문제에 접근하여 문제를 진단하는 데는 문제로 보여지는 것에만 집중하는 단선론적인 관점보다, 인간을 둘러싸고 있는 환경을 더불어 생각하는 순환론적인 관점이 더 적합하다고 본다. 자녀는 혼자서만 사는 것이 아니라 부모와 더불어 살아나가며, 부모 및 부모를 둘러싸고 있는 환경에 영향을 많이 받는다.

따라서 부모교육 실천가는 영유아 및 부모를 대상으로 프로그램을 실시할 때 부모의 생활변천을 알아보고 그들의 사회적·물리적 환경의 문제와 요구를 충분히 반영해야 한다. 아이와 부모가 어떤 방식으로 의사소통을 하고 있는지 알아보고, 어떻게 의사소통을 해야 하는지 알려줄 필요가 있다. 그렇기 때문에 부모교육에 필요한 이론적 근거로 가족체계와 환경 간의 긍정적 환류를 강조하는 생태체계적 관점의 가족체계이론이 적합하다고 볼 수 있다.

2) 장애아 가정의 특성

장애아를 자녀로 두고 있는 부모나 가정은 자녀의 장애와 관련된 독특한 상황들을 경험하고 있다(이영호·김혜숙. 2015).

첫째, 부모는 자녀의 장애를 수용하기에 앞서 충격, 부인, 원망, 흥정, 좌절, 낙담과 같은 일련의 정서적 발달단계를 거친다. 부모와 자녀 간의 상호작용관계에 있어서도 부모들이 장애자녀의 독특한 행동, 발달 특징을 정확히 인식하지 못하여 적절한 상호작용 형성에 많은 어려움을 겪고 있다. 이는 아동의 특정 문제를 어떻게 다루어야 하는지에 대한 지식 및 기술 부족이 부모의 스트레스를 더욱 가중시키는 것을 보여주는 것이다.

둘째, 자녀의 양육과정에서도 장애자녀의 어머니들은 일반아동의 어머니들에 비해 더욱 많은 양육시간을 요구하고 있어 가족의 일상적인 기능 유지에 있어서도 많은 제한을 초래하고 있다.

셋째, 어머니가 아버지에 비해 더 높은 수준의 스트레스, 절망감과 가족 와해에 대한 염려로부터 자녀 및 가족기능과 관련된 문제를 더 많이 경험한다.

넷째, 장애자녀의 아버지가 어머니보다 사회적 낙인을 극복하는데 더 많은 어려움을 겪고 있으며, 일반아동의 아버지에 비해 낮은 자존감, 심한 우울증을 겪고 있는 경우가 많다.

마지막으로 장애자녀의 가정에는 장애아동 양육으로 인한 그들만의 독특한 욕구가 있고, 따라서 부모들은 아동에 관한 교육증대와 원만한 가족기능을 위한 다양한 가족지원에 관련된 정보를 필요로 하고 있다.

3) 장애아동으로 인한 가족의 영향

장애아동으로 인한 가족의 영향을 부모의 심리적 적응과 장애아동의 형제들이 겪게 되는 측면에서 살펴보면 다음과 같다(이영호·김혜숙. 2015).

(1) 부모가 겪는 문제들

첫째, 대인 문제이다. 장애아동으로 인해서 부부 간이나 가족구성원 간에 대화의 부족이나 의사소통에 있어서 어려움을 가질 수 있다. 또한 가족 이외의 친척이나 가까운 이웃관계에서도 상호간의 접촉을 꺼리고, 관계에 있어서 소극적이 될 수 있다.

둘째, 심리적 문제이다. 주로 개인(부모, 형제 등) 자신의 문제에 해당되는 문제로서 자녀의 현재나 미래를 생각하면 죄의식, 우울, 불안을 느낄 수 있고, 무엇보다도 주변 사람이나 세상 사람들의 편견과 따가운 시선 등으로 인한 심리적인 위축, 결핍을 가질 수 있다.

셋째, 생활상의 문제이다. 생활상의 문제는 재정적 어려움, 양육의 부담, 여가활동의 부족 등을 들 수 있다. 먼저 장애아동을 교육하고 치료하는데 있어서 과다한 비용부담으로 가계유지에 어려움을 겪을 수 있고, 어머니가 양육을 혼자 부담하는 경우 정신적 스트레스나 육체적인 부담이 크므로 부부 간의 갈등 등이 있을 수 있다. 그 외에도 시간의 부족을 들 수 있는데 장애아동을 교육이나 치료실에 데려다 주는 일과 아이지도 및 부모역할을 하다 보면 하루 24시간이 힘겹게 느껴질 수 있다. 그리고 부모의 여가활동의 부족을 들 수 있다. 아동에 대해 시간과 노력을 집중하다보면 부모는 자신의 여가나 취미활동은 생각하기도 어려울 수 있다.

(2) 부모의 심리적 적응

장애아동을 잘 양육하고, 치료와 교육으로 연결하기 위해서는 우선적으로 부모가 아동을 잘 받아들이고 수용하는 내면적인 적응이 필요하다. 부모가 심리적으로 안정감을 이루고 현실적으로 장애자녀를 소중한 존재로 받아들일 때 아이는 올바른 성장을 할 수 있게 된다.

3. 장애아동 부모의 학습 특성과 욕구

장애아동 부모교육은 자녀의 성장 시기에 따라 교육내용과 활동이 다르게 요구된다. 자녀의 성장 시기를 출생 또는 장애가 의심되는 시기로부터 장애자녀가 부모로부터 독립하여 스스로 살아가야 하는 시기까지의 6단계로 구분하여 살펴보면 다음과 같다(이영호·김혜숙. 2015).

표 2-1 자녀 성장 시기에 따른 부모의 욕구

자녀의 성장 시기	부모의 욕구
장애자녀의 출생 또는 장애의심 시기	정서적 이해와 지지
장애상태에 대한 진단 및 치료 시기	장애와 관련된 정보 및 지식 획득
취학준비 시기 및 학령기	교육활동에 적극적인 참여, 훈육, 교육방법 습득
사춘기	자아개념 및 성교육에 대한 정보 및 지식 획득
직업선택 시기	직업교육에 대한 정보 습득 및 장애자녀 능력에 대한 이해
부모로부터 독립하여 살아가야 하는 시기	부모사망 후 미래 계획 및 준비

자녀의 성장·발달에 따라 부모가 관심을 가지고 있는 영역은 다음과 같다.

표 2-2 부모의 관심영역 및 세부내용

부모의 관심영역	세부내용
양육 및 교육	자녀의 문제행동, 발달단계 이해, 가족의 교수 역할에 대한 관심, 놀이활동 준비, 아동수행에 대한 기대
가족기능 유지	기본 생활기술, 건강과 안전에 대한 관심, 가족의 역할 및 책임 분담
의사소통	가족구성원 간의 의사소통 양상, 가족 내적 지지체계, 스트레스와 갈등 조정
여가선용	가족구성원들의 관심 및 취미, 가족이 함께 즐기는 활동, 부모 자신들이 개인적 시간 마련 방안

부모의 확장된 역할에 대한 부모의 욕구는 다음과 같다.

표 2-3 부모의 욕구 및 세부내용

부모의 욕구	세부내용
정보교환의 욕구	부모-교사 협의회, 프로그램에 대한 정보, 비공식적 피드백, 아동의 상태에 대한 정보, 부모의 권리 및 책임에 대한 정보, 지역사회 및 교육기관의 자원 이용에 대한 정보
가정에서 프로그램 수행훈련에 대한 욕구	행동지도방법, 양육기술, 일상생활기술
상담, 치료, 자문에 대한 욕구	개별상담, 집단상담, 갈등해결방법
부모가 협력하는 서비스 프로그램에 대한 욕구	부모모임 참여, 자원봉사자로서의 참여, 지지그룹 결성

장애자녀 가족의 실제적 욕구는 다음과 같다.

표 2-4 장애자녀 가족의 욕구 및 세부내용

가족의 욕구	세부내용
정보에 대한 욕구	아동에 대한 정보, 아동과의 상호작용 또는 교수방법, 현재와 미래에 유용한 서비스에 대한 도움 제공
지원에 대한 욕구	교육전문가로부터의 지원 및 상담, 다른 장애아동 부모와의 상호작용 및 만남의 기회, 배우자·가족·친척·이웃 등으로부터의 비공식적 지원
타인에게 설명하기	장애자녀의 상태 및 이로 인한 문제에 대해 형제, 배우자, 조부모, 이웃 낯선 사람들에게 설명할 수 있는 도움 제공
지역사회서비스	이용 가능한 지역사회서비스에 대한 정보 제공
재정적 욕구	일상생활부터 직업상담, 자녀의 장애와 관련된 경제적 비용에 대한 정보 제공
가족기능	가족문제 해결, 가족 내적 지원체계, 여가선용 등과 관련된 도움 제공

특히 장애 영유아를 양육하는 당사자인 부모들은 실질적인 어려움에 직면하고 있다. 장애 진단의 지연, 장애 영유아 가족 대상 교육 및 상담 부족, 장애 유형이나 정도가 고려되지 않은 배치, 지원 인력 부족, 장애 영유아에 대한 비용 지원, 통학 차량 지원 부족, 적절한 시기에 재활치료나 조기교육 부재, 부모에 대한 심리지원 부재 등 부모들은 어려운 점들이 많은 것으로 나타났다. 또한 부모들은 장애 영유아 자녀가 통합교육·보육을 받으면서도 동시에 질 높은 개별화교육을 받기를 원하고 있었다(박광현 외. 2019 재인용).

그리하여 최근의 장애 영유아 양육 실태 및 요구 조사(박창현 외, 2019)에서는 다음과 같은 장애 영유아 양육지원 정책을 제안하였다.

첫째, 부모교육과 상담의 접근성을 높이는 정보제공시스템 구축이 필요하므로 담당 공무원, 사회복지사, 상담사 등이 팀을 이루어 부모를 지원하는 방식, 장애 영유아를 양육한 경험이 있는 부모가 가이드라인을 바탕으로 동료 멘토링을 하는 방식 등을 제안하였다.

둘째, 어린이집에서 부모교육을 하고, 진단 및 치료기관과 연계하며, 교사가 영유아를 정확하게 관찰하고 파악하는 역량강화가 필요하며, 장애 등을 제대로 파악할 수 있도록 예비교사교육이 필요하며, 위험군에 있는 영유아들을 지원할 수 있는 시스템 구축이 필요하다.

셋째, 2019년 장애 영아와 유치원 특수교육대상자는 6,521명이고, 2018년 어린이집에 다니는 장애 영유아는 11,773명으로, 장애 영유아 정책은 유아교육 쪽에서는 유아특수교육으로, 보육 쪽에서는 취약보육 중 하나로 여전히 이원화되어 있다. 이에 구조적으로 유치원과 어린이집의 격차가 존재하므로, 이러한 격차를 정책적으로 천천히 줄여가고, 이상적으로는 유·보 통합 시스템을 구축해 나가야 한다.

마지막으로 장애 영유아도 의무교육대상자인 만큼 특수교육통계에 장애 영유아 전체를 다루는 획기적인 정책의 전환이 필요하다. 정부는 유치원과 어린이집, 그 밖에 기관 이용 실태를 담은 통합 통계를 제시하고, 유치원과 어린이집, 기관 미이용자 중 장애 영유아가 받는 서비스, 시간, 비용체계 등을 총체적으로 관리하여야 할 것이다.

Chapter
03

다양한 부모교육 프로그램

1. 부모효율성훈련

1) 배경

부모효율성훈련(Parent Effectiveness Training: PET)은 미국의 임상심리학자인 토마스 고든(Thomas Gordon)이 칼 로저스(Carl Rogers)이론에 입각하여 만든 부모교육 프로그램이다.

고든은 정서적·지적 문제가 있는 아동들을 심리치료하면서 자신의 정신의학적 접근이 치료에 부족함을 느끼게 되었으며, 부모에게 실제적 도움이 필요하다는 확신을 갖게 되었다. 고든은 문제가 있는 아동의 부모들이 심리적·신경증적 문제가 있는 것이 아니라, 대체적으로 자녀문제를 효율적으로 다루지 못하는 데서 오는 부적절함과 불만을 갖고 있다고 보고, 부모-자녀 관계에서의 문제는 정신의학적으로 다루기보다는 부모-자녀의 관계 개선의 관점에서 다루는 것이 효과적이라고 생각해 부모-자녀 관계 향상에 초점을 두게 되었다(Gordon. 1975).

부모효율성훈련(PET) 프로그램은 1962년부터 미국 전역에 보급되기 시작하였으며, 우리나라에서는 1989년에 한국지부(KETI)가 발족되어 부모역할훈련을 하고 있다.

고든은 부모효율성훈련 프로그램을 시작으로 교사와 학생관계에도 적용될 수 있는 교사효율성훈련(Teachers Effectiveness Training: TET), 조직체의 관리자 및 중역을 위한 지도자효율성훈련(Leader Effectiveness Training: LET), 청소년을 위한 청소년효율성훈련(Youth Effectiveness Training: YET) 및 여성효율성훈련(Effectiveness Training for Woman: ETW) 등 인간관계 향상에 초점을 맞춘 후속 프로그램들을 개발하여 보급하고 있다(연미희·김진숙. 2015).

2) 기본가정 및 목적

(1) 기본가정

부모효율성훈련은 모든 인간관계에 적용할 수 있는 인간관계이론에 기초를 두고 있다. 따라서 부모-자녀 간의 기본적인 인간관계를 가장 바람직한 방향인 생산적이고 협동적인 관계로 발전시키려는 데 중점을 두고 있다.

고든의 이론은 부모-자녀 간의 원만한 의사소통 수준에 따라 협동적이고 생산적인 부모-자녀관계가 형성될 수 있고, 비생산적인 부모-자녀관계가 형성될 수도 있다고 주장한다. 이러한 관점에서 부모효율성훈련의 기본 가정을 살펴보면 다음과 같다(Gordon. 1975).

첫째, 비일관성의 원리(inconsistency principle)로 자녀를 대하는 부모의 태도와 행동에 일관성이 없는 것은 당연하다고 보고 있다. 그러나 부모-자녀관계는 애정과 존경을 바탕으로 한 온정적인 관계가 바람직하기 때문에 주어진 상황에서 부모의 기분 등에 따라 달라질 수 있는 부모의 태도는 훈련이 필요하다는 것이다. 특히 부모가 완벽한 부모 노릇을 하고자 하는 고정관념이 있을 경우, 바람직하지 못한 부모-자녀관계가 형성될 수도 있기 때문에 자녀의 행동과 태도에 따라 부모의 수용능력과 태도도 변화되어야 한다는 것이다. PET의 기본 가정은 부모의 유형을 '수용형의 부모'와 '비수용형의 부모'로 구분하여 부모가 자녀의 행동을 수용하는 정도는 부모의 감정, 자녀의 성격과 특성, 환경 등에 따라 다르다고 보고 있다. 그러므로 부모가 자녀에게 감정을 솔직하게 표현할 때에만 바람직한 부모-자녀관계를 형성할 수 있다는 것이다.

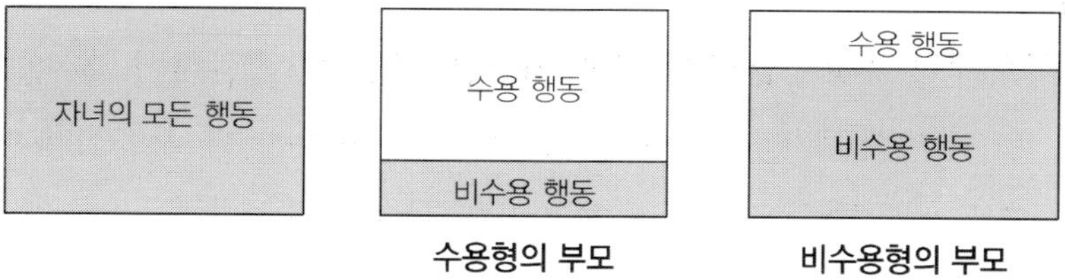

그림 3-1 수용영역과 수용정도

둘째, 문제의 소유의식 원리로 문제를 소유한 사람이 자녀인지 부모인지 파악하는 것이 바람직한 부모-자녀관계 형성을 위한 해결의 지름길이라고 본다.

고든은 자녀의 행동을 세 가지 유형으로 분류하였다.

첫째 유형은 자녀가 자신의 욕구를 만족시키지 못하여 화를 내거나 또는 좌절을 경험하거나 실망하는 경우로 자녀가 문제를 소유하는 것이다. 예를 들면, 친구에게 놀림을 당한다거나 기대보다 시험을 잘못 보았기 때문에 나타나는 행동을 들 수 있다.

둘째 유형은 자신의 욕구를 충족시키기 위해 부모의 권리를 침해하고 방해하는 행동으로, 이때는 부모가 문제를 소유한다. 예를 들면, 부모가 전화를 하는데 옆에서 큰소리로 떠든다거나, 식사시간인데도 TV만 보는 등의 행동이다.

셋째 유형은 부모-자녀관계에 전혀 문제가 없는 행동이 있다. 예를 들면, 부모와 자녀가 평온하게 책을 보는 상황이다.

문제의 소유자를 파악하는 일은 부모-자녀 간에 건설적인 인간관계 형성을 위해 매우 중요하다. 문제의 소유자가 누구인가에 따라 적용되는 기술이 다르기 때문이다. 자녀에게 문제가 있을 경우에는 부모가 상황에 따라 조력기술(helping skills)을 사용하고, 부모가 문제가 있을 경우에는 상황에 따른 솔직한 감정을 표현하는 대면기술(confrontation skills)을 사용해야 한다.

고든의 부모효율성훈련의 기본 가정은 부모-자녀 간의 효율적인 인간관계 형성기법을 개발하는 데 있고, 필요한 기법을 개발하기 위해서는 부모의 수용능력 개발과 함께 문제의 소유자가 누구인지를 파악하는 일이 중요하다고 보고 있다

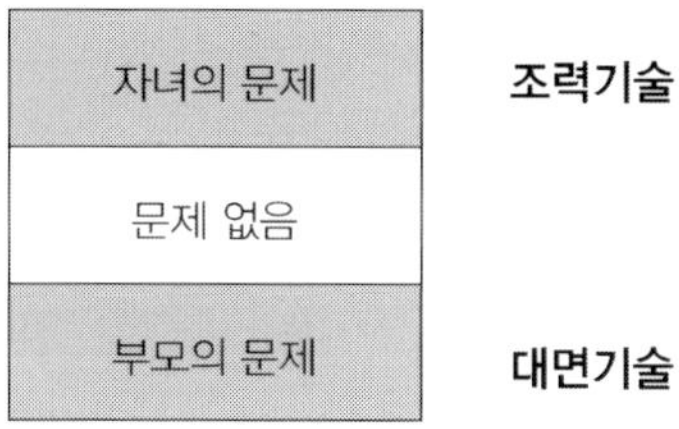

그림 3-2 문제의 소유원리

(2) 목 적

부모효율성훈련의 목적은 다음과 같다(Gordon. 1975).

첫째, 부모는 신이 아니라 한 인간임을 깨닫도록 한다.

둘째, 부모는 자녀행동의 의미를 파악하여 이해하고 자신의 감정을 솔직히 표현하는 기술을 습득하게 한다.

셋째, 부모에게 자녀와의 관계에서 발생하는 문제에 대한 효과적 대응방안으로서 의사소통기술을 습득하게 한다.

고든은 부모-자녀관계가 상호작용의 수준에 의해 결정된다고 보았기 때문에 부모와 자녀가 효과적으로 의사소통할 수 있는 방법, 문제가 발생했을 때 해결하는 방법을 집중적으로 다루고 있다.

3) 교육내용

(1) 반영적 경청

문제를 소유하고 있는 자녀는 불쾌한 정서를 경험하는데, 이때 부모는 자녀의 기분이 나아지도록 노력을 하게 된다. 그리하여 과거 혹은 현재 자녀가 느끼는 감정을 부정하거나, 자녀가 옳다고 칭찬 또는 위로하거나 다른 곳으로 주의를 돌리려고 애쓰게 된다. 즉, 부모-자녀 간의 의사소통에 장애가 되는 표현인 의사소통 걸림돌을 사용하게 되는 것이다. 의사소통 걸림돌은 자녀가 문제를 소유했을 때 적절하지 못한 의사소통기술이다. 왜냐하면 부모의 좋은 의도와는 달리 종종 문제를 해결하기보다는 오히려 더 많이 만들어 내며 고민에 빠진 자녀와의 대화를 방해하게 된다.

부모-자녀 간의 대화에 장애가 되는 언어적 표현인 의사소통 걸림돌은 명령·강요, 경고·위협, 훈계·설교, 충고·해결책 제시, 설득·논쟁, 비평·비난, 칭찬·찬성, 욕설·조롱, 분석·진단, 동정·위로, 캐묻기·심문, 빈정거림·후퇴의 12가지이다. 이러한 의사소통의 장애가 되는 표현은 바람직한 지도방법이 아니므로, 부모는 자녀가 문제를 소유하고 있을 때 자녀의 감정을 이해해 주기 위한 경청기술을 사용해야 한다.

경청기술은 크게 수동적 경청(passive listening)과 반영적 경청(active listening) 두 가지로 분류할 수 있다. 단지 말을 하도록 유도하는 말문을 열어주기나 침묵, 인정하기 등의 수동적 경청보다 더 효과적인 방법인 반영적 경청에서는 송신자(sender)뿐만 아니라 수신자(receiver)도 의사소통 과정에서 적극적이 된다. 반영적 경청에서 수신자는 송신자의 느낌이나 메시지의 의미를 이해하려고 노력한다. 그리하여 수신자는 자신이 이해한 것을 말로 표현하여 송신자가 확인할 수 있도록 피드백을 한다. 이때 수신자는 비평, 견해, 충고, 논리, 분석 혹은 질문과 같은 메시지를 보내서는 안 된다. 단지 송신자의 메시지가 의미한다고 느끼는 것만을 과장하거나 축소하지 않고 피드백하는 것이다(Gordon. 1975).

반영적 경청을 사용하기 위해 구체적으로 그 과정을 살펴보면 다음의 3단계로 이루어진다.

1단계는 부호화 단계로서 유아가 언어적·비언어적 방법으로 자신이 어려움에 처해 있다는 단서를 전달한다. 이때 부모는 유아의 말뿐만 아니라 표정이나 행동 등에도 큰 관심을 두어야 한다.

2단계는 유아가 나타내는 모든 단서를 바탕으로 유아가 어떤 어려움을 겪는지 추측해서 느낌이나 생각을 말해 주는 부호해석의 단계이다. 부모가 정서적으로 불안정한 상태에 있는 유아의 기분을 이해해 줌으로써 유아는 자신의 불안정한 감정에서 벗어날 수 있게 된다.

3단계는 긍정 또는 거부의 단계로서 유아는 부모의 반응에 대해 자신의 감정을 확인하고 긍정하거나 부정한다.

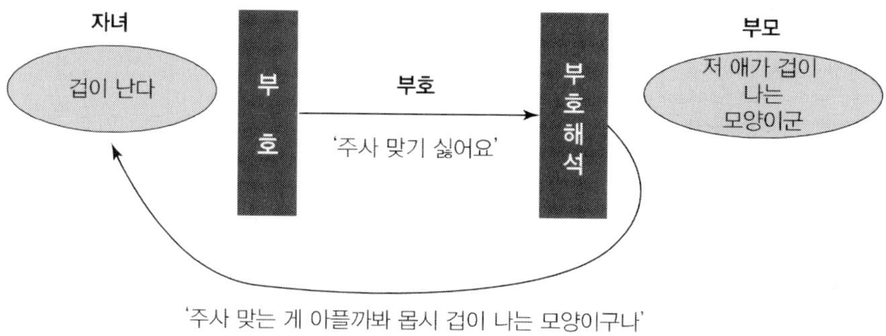

그림 3-3 반영적 경청과정

3단계의 과정 중 핵심적인 부분은 2단계로서, 여기에서 부모는 유아가 보낸 부호를 해석해서 유아의 감정을 그대로 이해하며 언어로 표현해 주어야 한다.

예를 들어, 유아가 예방주사를 맞아야 하는데 뒷걸음치며 도망가려고 할 때, 부모는 자녀에게 "주사 맞지 않고 어딜 도망가려고 하니?"라고 의사소통 걸림돌을 사용하지 말고, "○○야, 주사 맞는 게 아플까봐 몹시 겁이 나는 모양이구나"라고 말함으로써 자녀의 감정을 언어로 표현하는 반영적 경청을 사용할 수 있다. 또한 바닷가에서 파도가 치는 것을 보고 유아가 모래사장 근처에도 가지 않으려고 할 때 부모는 "넌 겁쟁이구나"라고 말하기보다는 "파도치는 것이 무서운가 보구나"라고 자녀의 불안한 감정을 읽어 주는 것이 바람직한 지도방법이다. 일단 자녀가 느끼는 감정을 그대로 이야기해 주면 유아는 자신의 문제를 스스로 해결할 수 있게 된다.

그런데 이때 부모들이 유의해야 할 점은 유아를 대하는 태도이다. 만약 부모의 태도가 공감을 불러일으키지 않으면 부모가 무슨 말을 하든지 유아에게는 그 말이 속임수로 느껴질 것이다. 부모가 하는 말 속에 진정한 공감이 느껴질 때 유아는 자신의 마음을 부모에게 진실하게 털어놓는다. 또한 자녀가 문제를 가지고 있을지라도 부모와 말을 하고 싶어 하지 않을 때에는 반영적 경청기술을 사용할 수 없다.

모든 유아는 친구, 형제자매, 부모, 교사와의 관계에서 혹은 자신과의 문제로 실망·좌절·고통 등을 경험하게 된다. 이런 상황에서 문제해결을 위해 부모의 도움을 받은 유아들은 심리적 건강을 유지하고 용기와 자신감을 갖게 되지만, 그렇지 못한 유아는 정서적 문제를 드러내게 된다(Gordon. 1975).

(2) 나-전달법

전형적으로 부모는 자녀의 행동으로 인해 화가 날 때 자녀의 행동을 비난하고 훈계하는 경향이 있는데, 이것을 의사소통기술에서 너-전달법(You-Message)이라고 한다. 너-전달법은 자녀의 감정을 상하게 하므로 자녀의 행동을 변화시키는 데 비효과적이다. 이런 상황에서 바람직한 의사소통기술은 부모가 자신의 감정을 자녀에게 표현하는 나-전달법(I-Message)을 사용하는 것이다. 예를 들어, 유아가 소파 위에서 뛰고 있을 때 부모는 자녀에게 "엄마가 소파에서 뛰지 말라고 얼마나 많이 얘기했니? 도대체 엄마 말을 듣고 있니?"라고 말하기보다는 "엄마는 네가 소파에서 뛰면 소파가 망가져서 못쓰게 될 것 같아서 불안하단다"라고 나-전달법을 사용하는 것이 바람직하다.

나-전달법은 부모가 자녀의 행동으로 인해 문제를 소유할 때 사용하는 의사소통기술이다. 이때 부모는 거부, 좌절, 분노의 감정을 느끼게 된다. 그리하여 긴장과 불안감으로 인해 유아의 행동을 좋아하지 않게 되고 조정하려 할 것이다. 나-전달법은 유아 자신과 부모-자녀관계를 더욱 건전하게 할 뿐만 아니라 부모들이 수용하지 못하는 행동을 자녀가 수정하도록 하는 데 효과적이다. 또한 유아의 저항과 반항을 훨씬 덜 일으키는 경향이 있다. 자녀에게 어떤 행동이 나쁘다고 말하기보다는 자녀의 행동이 부모에게 미치는 영향을 솔직하게 말하는 것이 훨씬 덜 위협적이기 때문이다. 나-전달법은 또한 유아 자신의 행동을 수정하는 데 책임감을 갖도록 하기 때문에 효과적이다. 결과적으로 나-전달법은 유아가 자신의 성장과 행동에 대한 책임감을 갖도록 도와준다(Gordon. 1975).

부모의 감정을 효과적으로 표현하는 나-전달법은 다음과 같은 세 가지 요소가 필요하다.

① 행동: 부모를 괴롭히는 자녀의 행동을 비난없이 간단하게 진술하는 것이다. 예를 들면, '네가 떠들면'이 아니라 '네가 큰 소리로 말하면'과 같이 자녀의 행동을 비난하지 않고 진술하는 것이다.

② 영향: 자녀의 행동이 부모에게 미치는 구체적인 영향을 진술하는 것이다. 구체적인 영향은 자녀의 행동으로 인해 부모가 소모하게 되는 시간, 노력, 비용 등을 의미한다. 예를 들어, "네가 큰소리로 말하면(자녀의 행동), 엄마는 전화통화 중에 상대방의 말소리가 잘 들리지 않는다(부모에게 미치는 영향)"라고 말하는 것이다.

③ 감정: 매우 핵심적인 요소로 자녀의 행동으로 인해 부모가 느끼는 감정이 어떤 것인지를 표현하는 것이다. 예를 들어, "네가 큰소리로 말하면(행동), 엄마는 전화통화 중에 상대방의 말소리가 잘 들리지

않아서(구체적 영향), 몹시 기분이 좋지 않다(감정)"라는 식으로 표현하는 것이다.

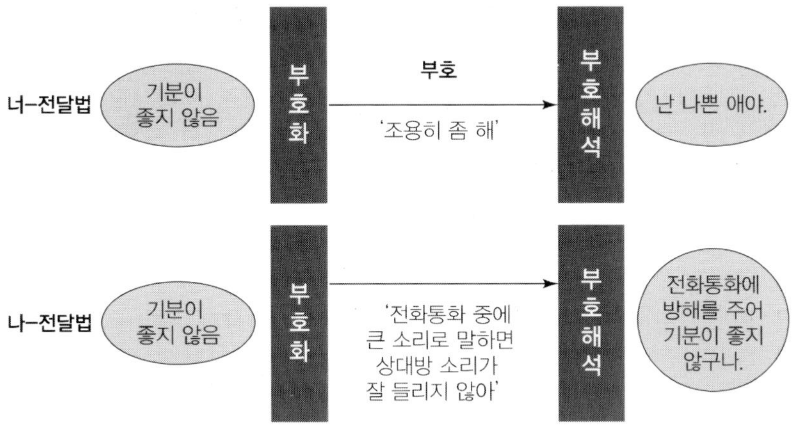

그림 3-4 나-전달법과 너-전달법의 비교

(3) 민주적인 방법

부모와 자녀 간에는 여러 가지 크고 작은 갈등이 생겨나는데, 이 갈등을 해결하는 방법은 크게 세 가지로 분류할 수 있다.

첫째는 권위주의적인 방법이다. 이것은 부모가 원하는대로 자녀에게 명령하는 것이다. 이때 자녀는 부모에게 원망·분노·적대감을 갖게 되고, 부모의 욕구는 충족되지만 자녀의 욕구는 충족되지 못하므로 부모가 이기고 자녀는 진 것이다.

둘째는 허용적인 방법이다. 즉, 부모는 자녀가 원하는대로 이끌려 가는 것이다. 이것은 앞의 경우와 반대로 자녀가 이기고 부모가 진 것이다. 이 경우에 부모는 좌절감과 자녀에 대한 미움을 갖게 된다.

마지막은 바람직한 부모-자녀 간의 갈등을 해결하기 위한 민주적인 방법(no-lose method)이다. 이것은 부모와 자녀가 타협하여 서로의 욕구가 충족될 수 있는 방향으로 갈등을 해결하므로 지는 사람이 없이 둘 다 이기는 방법이다. 그러므로 '양승법' 혹은 '무패법'이라고도 불린다. 이 방법은 부모들이 주변에서 민주적으로 갈등을 해결하는 방법을 많이 보아왔기 때문에 쉽게 이해될 수 있다. 성인인 남편과 아내는 상호 간의 동의를 통해 그들의 의견 차이를 해결할 때 이 방법을 사용한다. 사업상 동업자들도 그들의 빈번한 갈등을 해결하기 위해서 이 방법을 사용한다. 이것은 동등하거나 비교적 동등한 힘을 소유한 개인들 간의 갈등을 해결하는데 자주 사용된다(Gordon. 1975).

민주적인 방법은 유아가 해결책을 수행하도록 동기유발을 시켜 주고 좋은 해결책을 찾아낼 가능성을 높여주며, 부모-자녀 간의 적대감을 줄이고 사랑을 증대시키기 때문에 효과적이다.

이러한 장점을 가진 민주적인 갈등해결방법은 6단계로 구성되어 있다. 1단계는 부모-자녀 간의 갈등을 일으키는 문제를 정의하는 것이다. 다시 말해서, 부모의 욕구와 자녀의 욕구를 서로 명확하게 밝히는 단계이다. 2단계는 갈등을 해결할 수 있는 해결책을 만들어 내는 것이다.

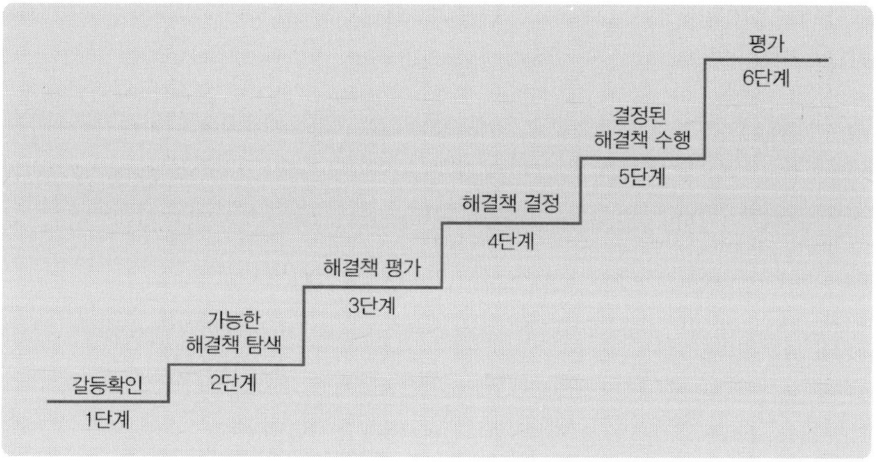

그림 3-5 민주적인 갈등해결방법의 6단계

이것은 부모와 자녀가 서로 여러 가지 해결책을 내놓는 것이다. 3단계는 부모와 자녀가 서로 내놓은 해결책에 대해 평가하는 것이다. 즉, 여러 가지 해결책에 대한 자녀의 만족과 불만족을 알아내고, 수용할 수 있는 해결책에 대하여 이야기한다. 4단계는 3단계의 평가를 통해서 가장 좋은 해결책을 결정하는 것이다. 5단계는 결정된 해결책을 수행하는 것이다. 마지막 6단계는 사후의 평가로 해결방안이 부모와 자녀에게 어떻게 활용되고 있는지 확인하는 시간을 갖는 것이다. 그리하여 결정된 해결책이 잘 수행되지 않을 때에는 다시 이전의 단계로 돌아가서 해결책을 수정하거나 새로운 해결책을 만들어 내어 갈등을 해결해야 한다, 예를 들어, 자녀의 TV 시청 시간으로 부모와 자녀가 갈등관계를 가질 경우 먼저 1단계에서 부모와 자녀는 자녀의 오랜 TV 시청이 서로 간의 관계에 갈등을 일으킨다는 것을 확인한다. 2단계에서는 문제를 해결하기 위해 어떻게 하는 것이 좋은지 부모와 자녀가 해결책을 제안한다. '어린이 만화영화를 1시간만 본다'든지 아니면 '오후 4시 30분부터 5시 30분까지 교육방송을 본다'든지 여러 가지 해결책을 내놓는다. 3~4단계에서는 부모와 유아가 내놓은 해결책들 중 서로가 만족하는 가장 좋은 것을 평가를 통해 선택한다. 5~6단계에서는 실제로 1~2일 혹은 1주일 정도 실행해 본 후, 잘 진행되면 그대로 두고 그렇지 못한 경우에는 다른 해결책을 모색한다.

(4) 가치관 대립

자녀가 성장함에 따라 부모-자녀 간에 더 다양한 갈등이 생겨나게 된다. 두 사람의 가치관이 갈등상태에 있을 때 이를 해결하기 위한 기술이 필요하다. 부모-자녀 간의 가치관 대립은 신념, 가치관, 생활양식, 선호도, 인생철학 등의 차이로 발생한다. 구체적으로 예를 들면, 머리 모양이나 의복과 같은 문제부터 결혼 상대자에 관한 견해나 장래의 직업 또는 사회·정치·경제·교육 분야에 대한 견해 등에서 서로 다른 의견을 가짐으로써 가치관의 대립을 초래할 수 있다.

이러한 부모-자녀 간의 가치관 대립을 해결하기 위한 방법으로는 모방학습, 상담, 자기수정의 방법이 있다(Gordon. 1975). 즉, 부모가 일찍부터 자녀의 본보기가 되어 자녀가 부모의 가치관을 수용할 수 있도록 하거나, 자녀가 도움을 청할 때 기꺼이 상담자가 되어 줌으로써 자연스럽게 부모 자신의 견해를 자녀에게 수용할 수 있도록 해야 한다. 이와 반대로 부모가 자신의 가치관을 검토한 후 수정하여 자녀의 가치관을 수용하는 방법도 있다.

(5) 환경의 변화

환경의 변화는 유아의 주위 환경을 변화시킴으로써 유아의 행동을 수정하고자 하는 것이다. 환경적 변화는 나이 든 아동보다는 영아기나 유아기 자녀에게 더욱 좋다. 부모들은 자녀에게 언어적 방법에 더욱 의존하며, 특히 어떤 부모는 부모의 힘에 의하여 유아의 행동을 지배하거나 위협하려 한다. 결과적으로 환경적 변화를 통한 변화는 무시하고 수용하기 어려운 아동의 행동에 말로만 떠들게 된다. 그러므로 부모들은 간단한 환경적 변화로서 유아들에게 효과적으로 사용할 방안을 강구할 필요가 있다. 환경의 변화는 다음의 4가지 종류를 들 수 있다.

① 환경의 풍요화

환경의 풍요화는 유아의 비수용 행동을 예방하고 중지시키는 효과적인 방안 중의 하나이다. 즉, 유아가 활동할 많은 자료들-장난감 재료, 독서물, 놀이물, 기타 완구-을 제공하는 것이다. 아이들은 자신이 흥미있는 일에 전념한다면 부모를 괴롭히거나 성가신 일에 집착하지 않는다.

아이들을 동반한 여행의 경우에도 가끔 아이들이 부모를 성가시게 한다. 이럴 경우를 대비하여 어떤 가족은 아동들의 장난감이나 평소 가지고 놀던 완구를 준비하는 것을 볼 수 있다. 또 친구를 데리고 오거나 장난감을 갖고 놀기에 좋은 환경에서는 혼자서 놀 때보다 부모의 말도 잘 듣고 수용적인 행동을 많이 한다.

② **환경의 빈약화**

유아들은 지나치게 많은 환경적인 자극을 싫어할 때가 있다. 예를 들어, 부모들은 아이들에게 잠잘 시간이나 식사 시간에 TV 시청 등과 같은 자극을 주면서 갑자기 조용해지거나 자제해 주기를 바라고 있다. 이러한 시간은 자극을 주기보다는 오히려 자극을 약화해야 할 때이다. 따라서 부모는 TV를 끄고 조용한 환경을 조성하여 자녀가 잠들 수 있게 해 주어야 한다.

③ **환경의 간결화**

유아들은 가끔 환경이 너무나 복잡하고 까다로울 때 비수용적인 행동을 하게 된다. 그래서 그들은 부모의 도움을 조르고, 어떤 활동은 아주 포기해버리기도 하며, 공격성을 보이거나 물건을 마루에 집어던지며 울고 달아나는 행동을 하게 된다.

부모는 다음에 제시하는 유아들의 환경을 간결화시킬 수 있는 점들을 참고할 수 있을 것이다.

- 유아 스스로가 자기 힘으로 입기 쉬운 옷을 구입해 줄 것
- 옷걸이를 낮게 달도록 할 것
- 깨지지 않는 컵이나 유리제품을 구입할 것
- 유아방의 벽지는 물로 지우기 쉬운 재료를 사용할 것

④ **활동공간의 제한**

유아들의 활동공간을 제한하는 것은 비수용적 행동을 예방할 수 있다. 가정 내에서 조금만 주의를 기울이면 유아들의 생활공간을 제한하여 안전하게 키울 방도가 고안된다. 풀, 진흙, 페인트 등을 가지고 구성놀이를 할 장소를 정해 놓거나, 시끄럽고 마구잡이 장난을 쳐도 좋은 장소를 택

해 정해주는 일도 생각해 볼 수 있다.

4) 운영방법

우리나라의 경우 부모효율성훈련은 1989년 한국지부인 한국심리상담연구소에서 지도자 자격연수 과정을 받은 강사가 부모를 대상으로 실시하고 있다. PET 훈련은 일주일에 1회 모임을 갖고, 1회 모임에 3시간씩 총 8주 동안 훈련하도록 한다. 한 집단은 10~15명 내외의 참여자로 이루어지고, 워크북과 교재를 사용한다.

참가자들은 강사의 강의를 듣고 의사소통에 대한 여러 가지 원리를 배우며 토론하게 된다. 또 강사의 시범을 통해 구체적인 수행방법을 배우고, 역할놀이를 하면서 실습하고 지도받게 된다. 수업에서 배운 것을 자녀들에게 실제로 적용해보고, 교재를 읽으며 과제로 내준 워크북을 풀어보아야 한다. 이런 결과는 차기 모임에서 발표하며, 다른 사람의 경험을 경청하면서 의사소통기술의 적용방법을 수정하고 재학습하며 이해하게 된다.

2. 체계적 부모효율성훈련

1) 배경

체계적 부모효율성훈련(Systematic Training for Effective Parenting: STEP)은 딩크메이어(Dinkmeyer)와 맥케이(Mckay)가 1976년에 개발한 부모교육 프로그램이다. 이것은 미국 플로리다 주의 의사소통 및 동기유발 훈련 연구소(Communication and Motivation Training Institute)의 딩크메이어와 애리조나 대학의 상담가인 맥케이가 기존 드라이커스(Dreikurs)의 민주적 양육이론과 고든의 부모효율성훈련이론의 장점을 종합하여 체계적이고 조직적이며 종합적인 프로그램을 개발한 것이다.

2) 기본 가정 및 목적

체계적 부모효율성훈련(STEP)은 그 기본 가설을 민주적인 가정에 두고 있으며, 부모-자녀관계의 질을 향상시키기 위해서는 부모-자녀가 상호 존중하고 부모는 자녀들에게 스스로 결정하고 행동할 수 있는 기회를 보다 많이 제공하여야 한다고 설명한다. 그리고 부모-자녀 간의 질적인 관계형성은 자연적이고 논리적인 귀결에 의해 이루어지는 민주적인 의사소통이라고 주장한다.

체계적 부모효율성훈련의 교육철학은 사랑과 존중을 바탕으로 한 인간가치의 구현에 있는데, 부모교육에 있어서도 자녀들을 용기와 격려로 가르치는 방법을 터득하게 하는 데 목적을 두고 있다.

3) 교육내용

체계적 부모효율성훈련은 총 9장으로 구성되어 있으며, 각 장의 구체적인 내용은 다음과 같다(이경우 역. 1992).

(1) 자녀행동의 이해

자녀의 행동을 이해하기 위해서는 자녀를 존중하고 자녀의 존엄성과 가치를 이해하는 일이 중요하다. 특히 자녀를 격려하고 자녀에게 책임을 부여하며 자녀의 행동을 이해하려는 자세가 중요하다. 자녀의 행동을 이해하는 데 있어서 중요한 점은, 자녀들의 그릇된 행동의 밑바닥에는 인정을 받거나 사회적으로 승인을 얻기 위한 욕구가 깔려있다는 것을 인식하는 것이다.

그리하여 자녀의 잘못된 행동을 주의 깊게 관찰하여 행동의 밑바닥에 깔려 있는 좌절된 욕구를 이해하고, 자녀와 긍정적인 관계를 형성하는 일이 중요하다. 드라이커스가 말하는 잘못된 행동의 목표란 관심끌기, 힘행사하기, 앙갚음(보복)하기, 무능함 나타내기를 말한다.

① 관심끌기

유아가 자신이 가정에 소속되지 못하고 의미 없는 존재라는 심리적인 열등감에 사로잡히게 되면 다른 사람으로부터 관심을 받아야만 안전한 위치를 차지할 수 있다는 잘못된 심리적 목표를 세운다. 관심끌기의 목적은 자신의 행동이 부정적일지라도 부모의 관심을 받음으로써 부모로부터 사랑을 받는다고 느끼는 데 있다. 따라서 잘못된 행동의 결과가 나쁘고 부모의 반응이 부정적일지라도 관심끌기의 목적을 달성한다고 생각하면 계속 잘못된 행동을 한다.

예를 들어, 집에 손님이 오셨을 때 부모가 손님과 이야기하는 것에 열중해 있으면 유아가 부모에게 무엇을 해달라고 평소보다 더 많은 요구를 한다든지, 동생이 생겼을 때 동생에 대한 주변 사람들의 관심에 질투를 느껴 관심을 자신에게 유도하기 위해 퇴행 등의 이상한 행동을 하는 것 등이다.

② 힘행사하기

유아가 스스로 많은 것을 할 수 있게 되고, 자신이 할 수 있는 것을 부모가 못하게 한다는 것을 인식하면 유아는 자신이 하고자 하는 것을 해야만 가정에서 확고한 위치를 차지한다는 잘못된 심리적 목표를 세운다. 이러한 동기에서 유아는 부모의 요구에 '싫어'라는 말을 자주 사용하게 된다. 이처럼 유아가 부모의 요구를 거절하면서 자신의 힘을 과시하는 것은 자신이 대장의 위치를 차지해야만 하고 싶은 대로 할 수 있다고 생각하는 것으로, 무엇을 하라고 하면 하지 않고, 반대로 하지 말라고 하면 하는 반항적인 행동으로 나타난다.

③ 보복하기

유아가 자신이 집단 내에서 힘도 없고 가치도 없으며 다른 사람으로부터 사랑을 받지 못한다는 잘못된 생각을 갖게 되면, 자신이 상처를 받았으므로 그만큼 다른 사람에게도 상처를 주어야만 집단에서 자신의 위치를 확고하게 할 수 있다는 잘못된 목표를 세운다. 따라서 유아는 심술궂고 잔인한 행동으로 다른 사람에게 상처를 준다. 예를 들면, 유아가 부모로부터 불공평한 대접을 받았다고 느꼈을 때, 부모에게 상처를 주고자 부모가 보는 앞에서 장난감을 부수거나 동생을 때려서 울린다.

④ 무능함 나타내기

유아가 자신의 잘못된 행동목표를 효과적으로 달성하지 못하게 되면 매사에 쉽게 포기하고, 사회적 상호관계나 책임을 피해 퇴행함으로써 자신의 위치를 확보하려고 한다. 유아는 성공하려는 희망을 갖기는커녕 아예 포기하기 때문에 다른 사람이 자기에게 기대하지 못하게 한다. 이처럼 무능함을 보이는 유아는 자신이 해낼 수 없는 것 이상으로 모든 것을 포기한다.

예를 들면, 숙제를 항상 스스로 하지 못하고 엄마가 도와주어야만 할 수 있다. 따라서 엄마가 외출 후에 늦게 돌아와도 숙제는 시작도 않고 있다.

표 3-1 자녀의 잘못된 행동목표에 대한 바람직한 반응

자녀의 목표	부모의 바람직한 반응
관심끌기	• 잘못된 행동을 무시한다. • 바람직한 행동을 했을 때 긍정적인 관심을 보인다.
힘행사하기	• 자녀와 싸우기보다는 행동의 결과를 자녀 스스로 경험하게 한다.
보복하기	• 보복으로 대응하기보다는 무시한다. • 신뢰와 상호존중을 회복하도록 노력한다.
무능함 나타내기	• 절대 포기하지 않는다. • 자녀의 장점을 찾아 격려해 준다. • 약간의 진전이라도 보이면 놓치지 않고 격려한다.

출처: 김희진. 2006. 유아교육기관에서의 부모교육과 지원.

(2) 자녀와 부모 자신의 이해

자녀의 행동은 가족 분위기와 가치관, 성역할, 가족 내에서의 위치, 부모의 훈육방법 등의 환경적 요소에 영향을 받게 된다. 따라서 부모들은 자녀에 대해 이해해야 하고, 아울러 자신에 대해서도 올바른 이해를 하도록 하여야 한다. 체계적 부모효율성훈련에서는 완벽한 부모는 없다는 것을 전제로 책임있는 부모의 역할을 강조하고 있다(표 <3-2>, 표 <3-3> 참조). 특히 자녀들이 잘못된 행동을 할 때 정서를 표출하기 때문에 부모가 강압적인 방법으로 자녀를 통제하기보다는 자녀들이 스스로 결정하여 행동할 수 있도록 하는 방법이 바람직하다는 것이다. 책임있는 부모는 자녀에게 긍정적인 태도를 나타내어 자녀를 격려한다.

(3) 자아존중감과 자신감 배양

이 프로그램의 부모교육 내용 중에서 자신감과 자아존중감을 배양하는 목표는 통제나 벌을 가하지 않고 자녀의 바람직한 행동을 하게 만드는 데 있다. 즉, 외적 통제에 의한 '외적 동기화'보다는 자녀 스스로 긍정적

인 행동을 유발할 수 있는 '내적 동기화'를 강조하고 있다. '내적 동기화'는 자녀가 잘못된 행동을 할 경우라도 실수를 인정해 주고, 긍정적인 행동을 제시함으로써 자아존중감을 갖게 하는 방법을 활용한다.

표 3-2 완벽한 부모의 특징

부모의 신념	부모의 행동	자녀에게 일어나는 결과
• 부모는 자녀를 통제해야 한다.	• 복종을 요구한다. • 벌을 준다. • 이기려고 한다. • 부모가 옳고 자녀는 틀리다고 주장한다.	• 반항한다. • 이기거나 옳아야 한다. • 진정한 감정을 속인다. • 분노를 느낀다. • 앙갚음할 것을 찾는다. • 인생이 불공평하다고 느낀다. • 포기하고 회피한다. • 거짓말·도둑질을 한다. • 자율성이 결여된다.
• 부모는 우월하다.	• 자녀를 동정한다. • 책임을 진다. • 과잉보호를 한다. • 독선적이다. • 자녀에게 창피를 준다.	• 자신을 연민하고 다른 사람을 비난하는 것을 배운다. • 인생이 불공평하다고 느낀다. • 무능력함을 느낀다. • 다른 사람이 베풀어주길 원한다. • 우월할 필요가 있다고 느낀다.
• 부모는 받을 자격이 있다. • 자녀는 부모에게 빚졌다.	• 공평에 지나치게 민감하다. • 조건을 붙인다.	• 다른 사람을 믿지 않는다. • 인생은 불공평하다고 느낀다. • 이용당한다고 느낀다. • 다른 사람을 이용하려 한다.
• 부모는 완전해야 한다.	• 모든 것에서 완전을 요구하고 결점을 찾는다. • 다른 사람의 생각에 지나친 관심을 갖는다.	• 자신이 결코 훌륭하지 않다고 믿는다. • 완벽주의자가 된다. • 좌절감을 느낀다.
• 자녀가 나보다 더 중요하다.	• 지나치게 자녀에게 몰두한다. • 자녀의 요구를 들어주고 양보한다. • 안된다고 하는 것에 죄의식을 느낀다.	• 받기를 기대한다. • 사회적 관계를 잘 형성하지 못한다. • 다른 사람의 권리를 존중하지 않는다. • 이기적이다.

표 3-3 책임 있는 부모의 특징

부모의 신념	부모의 행동	자녀에게 일어나는 결과
• 자녀 스스로 결정할 수 있다고 믿는다.	• 선택하게 한다. • 격려한다.	• 자신감을 느낀다. • 무엇이든 하려고 한다. • 문제를 해결한다. • 유능하다.
• 다른 사람과 동등한 인격이다.	• 자녀를 믿고 존중한다. • 독립성을 격려한다. • 선택과 책임감을 갖게 한다. • 자녀가 공헌하기를 기대한다.	• 자립심과 책임감을 발달시킨다. • 결정하는 것을 배운다. • 자신과 타인을 존중한다. • 평등을 믿는다.
• 상호존중을 믿는다.	• 평등성을 증진한다. • 상호존중을 격려한다. • 자녀가 죄의식을 갖지 않게 한다.	• 자신과 타인을 존중한다. • 사회적인 감정이 증가한다. • 다른 사람을 신뢰한다.
• 부모도 인간이므로 불완전한 것이 당연하다.	• 현실적인 기준을 정한다. • 힘을 강조한다. • 격려한다. • 자신의 이미지에 관심이 없다. • 인내심이 있다.	• 자기 평가보다 닥친 일에 집중한다. • 시도하다가 실수하면 다시 도전한다. • 새로운 경험을 하려는 용기를 지니고 있다. • 다른 사람에 대해서도 인내한다.
• 자신을 포함한 모든 사람이 중요하다고 믿는다.	• 상호존중과 공헌하도록 격려한다. • 시중들지 않는다. • 안된다고 할 때를 안다.	• 훌륭한 사회적 관계를 가진다. • 다른 사람의 권리를 존중한다.

특히 자녀들에게 자신감과 자아존중감을 길러주기 위해서는 격려를 많이 해 주어야 하며, 격려를 통해 자신을 신뢰하게 되고 자존심을 배양하도록 하여야 한다는 것이다. 격려는 부모의 올바른 대화기법을 통해 이루어진다는 것이다.

칭찬과 격려의 차이점은 격려는 스스로 자신감과 자아존중감을 갖게 하는 데 비해, 칭찬은 자아존중감이나 자신감을 갖게 만들지는 않는다(표 <3-4> 참조).

표 3-4 칭찬과 격려의 특성

	칭 찬	격 려
관심영역	• 외적 통제 • 외적 평가 • 자기평가와 개인적 이익 • 과제수행에 대한 보상	• 자기존중과 성장 • 내적 평가 • 가치인정 그리고 장점과 공헌에 대한 가치부여 • 노력과 향상
자녀에게 미치는 영향	• 과제수행에 대한 보상 : 실패에 대한 두려움, 지나친 기준과 가치 부여 • 자기평가와 개인적 이익 : 과다경쟁의식, 타인의 희생을 개의치 않는 최고 지향 성향 • 외적 평가 : 남을 기쁘게 하는 데 가치부여, 반대하는데 대한 두려움 • 외적 통제 : 순종하는 것에 대한 가치부여, 반항 가능성, 포기와 협동	• 자기존중과 성장 : 실패 경험에 대한 자기극복, 재시도하려는 노력 • 내적 평가 : 자기성장과 진보에 대한 긍정적인 평가 • 노력과 향상 : 노력에 대한 인정, 지속적 노력 • 가치인정 : 개인과 모든 이를 위해 재능을 활용, 자신과 타인의 성공에 대해 만족

(4) 의사소통 - 효과적인 경청

이 프로그램에서 의사소통은 듣기와 말하기 기법으로 구별되는데, 효과적인 의사소통은 효과적인 경청을 통해 가능하다고 보고 있다. 특히 부모의 권위주의적이고 인습적인 태도는 효과적인 의사소통을 방해하는 주된 요인이 되고 있다고 본다.

효과적인 의사소통기술 중 경청(listening)의 기법은 자녀의 생각과 감정을 반영하는 개방적이고 반영적인 경청(reflective listening)이 권장된다.

의사소통과정에서 자녀의 표현에 대해 효과적인 경청을 예시한 결과는 표 <3-5>에 나타나 있다. 자녀의 의사표현에 대해 부모가 폐쇄적 반응을 나타낼 때와 개방적 반응을 나타낼 때의 표현들을 제시한 것이다.

표 3-5 효과적인 경청

자녀의 의사표현	폐쇄적 반응	개방적 반응
그 애랑 다시는 놀지 않을래.	그럴 수도 있지, 잊어버려라.	그 애 때문에 화가 났구나.
색칠하기를 그만 두겠어요.	하던 것을 마쳐야지, 그러면 안돼.	색칠하는 게 어렵지. 색칠하기가 힘들 때도 있어.
옆자리 아이 때문에 유치원에 가기 싫어요.	유치원 가지 않겠다는 것은 안 돼. 유치원은 가야 되는 거야.	옆자리 아이가 귀찮게 굴어서 싫은 모양이구나.
엄마 싫어요.	그런 말하면 안돼.	엄마 때문에 화가 난 모양이구나.

(5) 의사소통 : 대안 찾기와 나-전달법

대안 찾기의 단계는 자녀를 이해하기 위한 경청에서부터 자녀행동의 결과를 평가하는 데까지 몇 가지 단계가 있다.

즉, 자녀의 감정을 이해하기 위한 경청단계, 브레인스토밍(brainstorming)을 통한 대안을 모색하는 단계, 바람직한 해결책을 선택하는 단계, 예상되는 결과를 논의하는 단계, 자녀의 실행단계, 자녀 행동의 결과를 평가하는 단계 등 6단계를 거치게 된다. 그리고 나-전달법을 활용하여 부모 스스로의 감정과 생각을 정직하게 표현하도록 하여야 한다. 따라서 문제가 발생하였을 때는 대안을 찾을 수 있도록 효과적인 의사소통을 하여야 하며, 특히 중요한 것은 나-전달법을 활용하여 솔직하게 생각과 느낌을 표현하는 것이 중요하다.

표 3-6 반영적 경청과 나-전달법

상 황	문제의 소유자	의사소통	
		반영적 경청	나-전달법
자녀가 약속한대로 TV 시간을 줄이지 않았다.	부모		네가 약속을 지키지 않아 실망스럽구나.
자녀가 친구가 놀아주지 않는다고 울고 있다.	자녀	친구가 놀아주지 않아서 속상한 모양이구나.	

(6) 책임감 배양

부모들이 자녀를 양육할 때 대개 권위를 바탕으로 보상과 처벌을 통한 훈육방법을 사용한다. 그러나 이 방법은 자녀의 자율성 신장에도 방해가 될 뿐만 아니라, 책임감 배양에도 저해요인이 된다. 책임감 배양을 위한 바람직한 방법으로는 자연적 귀결과 논리적 귀결 방법이 권장되고 있다.

책임감을 배양하기 위해서는 자연적 귀결과 논리적 귀결을 사용하는 것이 바람직한데, 이러한 귀결방법을 활용하는 데 있어서는 몇 가지 원칙이 있다. 그 원칙은 다음과 같다.

① 자녀의 행동목적과 감정을 이해하는 일이 중요하다.
② 행동은 단호하면서 메시지는 친절하게 한다.
③ 일관성있는 행동을 보이는 부모가 된다.
④ 행위자와 행위를 분리한다.
⑤ 독립심을 갖도록 용기를 북돋아 준다.
⑥ 동정심을 남용하지 않는다.
⑦ 말을 적게 하고 행동을 먼저 한다.
⑧ 모든 자녀가 행동을 나누어 갖도록 한다.
⑨ 완벽한 부모가 되려고 애쓰지 않는다.
⑩ 문제의 소유자가 누군지 파악한다.
⑪ 남의 생각에 지나치게 의존하거나 관심을 두지 않는다.

(7) 논리적·자연적 귀결의 활용

자연적 결과는 자연적인 상황에서 유아가 스스로 자신의 행동에 대한 결과를 경험할 수 있도록 하는 방법이다. 만약 부모가 방해하지 않는다면 일상생활에서 유아들은 자신의 행동에 대한 결과를 자연스럽게 경험할 수 있을 것이다. 예를 들어, 점심을 먹지 않으면 오후 간식시간 이전에 배가 고플 것이라든지, 눈싸움을 할 때 장갑을 끼지 않으면 손이 시려울 것이라는 것 등이다.

일반적으로 부모들은 자녀를 꾸짖고 벌을 주어서라도 자녀를 올바로 키워야 한다고 느끼기 때문에 자연적 결과의 경험을 방해한다. 따라서 부모는 위험하지 않은 경우에는 사건이 자연스럽게 흐르도록 놓아 두어, 자녀가 그 사건의 결과를 경험할 수 있도록 도와주는 것이 바람직하다.

논리적 결과는 행동에 대한 결과가 유아의 행동으로 인해 자연스럽게 일어난 것이 아니라 다른 사람이나 부모에 의해 정해지는 방법이다. 즉, 유아와 성인이 합의하여 논리적으로 행동과 관계되는 결과를 정하는 것이다. 이것은 인간의 평등성을 기초로 한 방법으로서, 논리적 경험을 통해 유아는 자신의 권리를 요구할 수 있게 되고, 책임감을 갖게 되어 의사결정에 동등하게 참여할 수 있게 된다.

예를 들어, 종이에만 그림을 그리기로 부모와 약속하고 벽이나 방바닥에 낙서를 했을 경우 자녀가 '낙서를 지우기'로 합의하였으면, 약속을 지키지 않을 경우 그것을 '논리적 결과'로 사용하는 것이다.

(8) 가족모임

가족모임은 의사결정과정에 온 가족이 참여토록 하는 방법이다. 가족모임을 통해 부모-자녀 간의 관계가 원활해질 뿐만 아니라, 가족 간의 참여기회도 확대되게 된다.

표 3-7 가족모임의 지침

바람직한 사항	바람직하지 못한 사항
• 계획된 시간에 정기적으로 모인다.	• 일이 생길 때만 모인다.
• 모든 구성원들을 동등하게 대한다. • 모든 사람이 경청한다.	• 권위적인 사람에 의해 모임이 지배된다.
• '반영적 경청'과 '나-전달법'을 사용하여 가족 구성원들을 격려하고 그들의 느낌과 생각을 정확하게 표현한다.	• 다른 사람의 이야기를 듣지 않으며 서로에게 용기를 주지 못한다.
• 현실적인 문제를 다룬다. 중요하지 않은 주제는 피한다.	• 행동의 목적보다는 말다툼, 싸움, 불평만을 다룬다.
• 가족 내에서 일어난 좋은 일을 알림으로써 구성원을 격려한다.	• 불만과 비난에 초점을 맞춘다.
• 가족을 위해 오락이나 레크리에이션의 계획을 세운다.	• 일 분담과 훈련으로 모임의 한계를 정한다.
• 모임의 지속시간을 함께 정하고 정해진 시간에 끝낸다.	• 모임의 지속시간을 무시한다.
• 계획이나 결정은 기록한다. 또한 잊지 않도록 게시해 둔다.	• 동의한 사항을 실천하지 않는다.

가족모임을 위해 가족구성원들이 지켜야 할 몇 가지 사항은 다음과 같다.

① 가족구성원 간의 동등한 입장에서 사회자를 윤번제로 한다.
② 브레인스토밍을 통해 대안을 모색한다.
③ 정규적으로 계획된 시간에 모인다.
④ 가족 전체가 함께 할 수 있는 오락을 준비한다.
⑤ 가족 내에 일어난 일을 알려 상호격려하고 위로하게 한다.
⑥ 모든 가족이 개방적인 태도로 경청하고 감정과 생각을 솔직하게 표현한다.
⑦ 소요시간은 가족들이 함께 정하며 시간을 준수하도록 한다. 보통은

1시간이 바람직하며, 어린아이가 있는 경우는 시간을 30분 이내로 하는 것이 좋다.

⑧ 모임의 결과와 내용을 기록하는 것이 좋다.

가족모임을 위한 지침과 피해야 할 점 등을 정리한 결과는 앞의 표 <3-7>에 제시되어 있다.

(9) 자신감 배양과 잠재력 신장

효과적이며, 민주적 행동의 부모는 자녀들에게 자신감을 배양하여 잠재력을 신장시킨다.

부모역할의 유형은 자기 패배적 신념의 부모, 비효과적이며 독재적 반응의 부모, 효과적이며 민주적 행동의 부모로 구분이 가능하다. 이러한 유형에 따라 나타내는 부모역할을 비교한 결과는 표 <3-8>에 나타나 있다.

4) 운영방법

우리나라의 경우, 이경우(1992)가 번역한 STEP 워크북이나 황옥자·이지연(2012)이 번역한 영유아, 아동, 청소년 대상의 STEP I, II, III 교재를 활용하여 프로그램을 진행한다. STEP 프로그램은 일주일에 1회 9주에 걸쳐 실시한다. 10~12명을 한 집단으로 구성하여 지도자가 프로그램을 운영한다. 1회 모임은 2시간 정도로 강사는 지침서에 따라 참석자들의 활동, 문제 상황, 역할놀이 등으로 이루어진다. 지도자들은 부모들에게 모임의 과정과 목적을 올바르게 설정하도록 도움을 주며, 토의와 연구에 참여하도록 촉매자 역할을 수행한다.

표 3-8 민주적·긍정적 부모역할

부모에게 도전되는 문제	자기 패배적 신념의 부모	비효과적·독재적 반응의 부모	효과적·민주적 행동의 부모
• 자녀가 말대꾸한다. 건방진 말을 한다.	• 부모는 자녀에게 존경을 받고 두려운 존재로 보여야 한다.	• 사과를 받아내고 자녀의 말에 시비를 건다.	• 자녀가 화를 내는 것을 무시하고, 반영적 경청을 하며, 나-전달법을 사용하여 논리적 귀결을 사용한다(화난 말투는 사용하지 않는다).
• 여행갈 준비를 하도록 요구하는데 반응이 전혀 없다.	• 부모는 즉시 반응을 얻어내야 한다.	• 명령, 요구, 벌을 준다.	• 나-전달법을 사용하여 부모의 요구에 응하지 않았을 때의 논리적 귀결을 경험하도록 한다.
• 학교 갈 시간에 늦장 피운다.	• 자녀는 게을러서는 안 된다. 다른 사람이 나를 어떻게 보겠나?	• 잔소리하고 강요한다.	• 논리적 귀결을 허용한다.
• 자녀들끼리 싸우고 말다툼한다.	• 부모가 싸움을 말린다. • 부모는 판단을 잘 한다.	• 간섭하고 조사한다.	• 자녀들의 능력으로 해결할 수 있도록 자신감을 준다.
• 거실에 물건을 늘어뜨려 놓는다.	• 부모가 치우는 것이 낫다.	• 잔소리하거나 자녀가 정리한 후 다시 치운다.	• 나-전달법을 사용하거나 논리적 귀결을 사용한다.

3. 적극적 부모역할 훈련

1) 배경

과거와는 달리 현대사회에서 부모노릇 하기는 훨씬 더 어려워졌다. 또한 미래사회에서 자녀가 성공적으로 적응하도록 하기 위한 올바른 부모역할은 그만큼 더 중요하다고 하겠다. 그런 의미에서 민주형태의 미래사회에서 우리의 자녀가 성공적으로 자랄 수 있도록 준비시켜 주고, 부모역할을 위한 체계적인 교육 프로그램이 필요하게 되었다.

마이클 팝킨(Michael Popkin)은 1983년에 자신이 개발한 적극적 부모역할 토의 프로그램을 개정하여 적극적 부모역할훈련(active parenting)을 만들었다. 당시 마이클 팝킨의 목표는 교육공학적인 방법을 부모교육 분야에 적용시키는 것이었다. 그 후 3년간의 연구와 개발을 통해 비디오를 활용한 훈련법이 가장 경제적이고 효과적인 혁신안이라는 결론을 내린 후에, 2~12세 아동의 부모를 위한 적극적 부모역할훈련(Active Parenting Today: APT)을 개발하였다. 그 후 십대 자녀를 둔 부모교육 프로그램의 개발 요구에 부응하기 위하여 청소년 부모를 위한 새로운 프로그램인 십대의 적극적 부모역할훈련(Active Parents of Teens: AP/Teens)을 제작하였다.

부모역할훈련 프로그램인 APT와 AP/Teens의 비디오 교재에는 서양인, 흑인, 정상인, 한부모 가정, 혼합 가정이 등장하여 다양한 가족 유형을 보면서 많은 도움을 받게 되어 있다(홍경자 역. 1995).

2) 목 적

적극적 부모역할훈련 프로그램의 목적은 자녀들이 민주사회에서 잘 자라기 위하여 필요한 자질인 협동심, 용기, 책임감, 자기존중감을 길러 주기 위한 기술과 지식을 부모에게 제공함으로써 가족구조를 통하여 인간의 무궁한 잠재력을 개발시키고자 하는 데 있다.

3) 교육내용

적극적 부모역할훈련 프로그램의 기본 이론은 아들러(Adler)와 드라이커스(Dreikurs)의 이론, 칼 로저스(Carl Rogers), 토마스 고든(Thomas Gordon)의 의사소통기법과 알버트 엘리스(Albert Ellis)의 연구결과에 기초를 두고 있다.

(1) 적극적 부모

① 지도자 유형으로서 부모유형의 이해

- 군주형(autocratic style) - 독재자 : 군주적 부모는 독재자처럼 자녀들에게 무엇을, 어떻게, 언제 해야 할지를 명령한다. 자녀들은 의문을 제기하거나 도전하거나 의견에 반대할 여지가 없다. 일을 잘하면 부모에게서 보상을 받고 일을 못하면 처벌을 받을 따름이다. 이러한 독재적 양육방법은 오늘날과 같은 평등의 시대에는 적절하지 못하다.
- 허용형(permissive style) - 심부름꾼 : 허용적 부모란 거칠고 완고한 독재적 방식에 강력하게 반대하는 사람들이다. 허용형의 부모는 자녀들이 마음대로 지나치게 많은 시간동안 하고 싶은 일을 하도록 허용한다. 이러한 가정에서는 질서와 규율이란 것이 없고 무제한의 자유가 보장된다. 허용적 부모들은 자녀의 심부름꾼처럼 행동하면서 자녀들이 부모를 유린하도록 방임한다.
- 민주형(democratic style) - 적극적 부모 : 어떤 점에서 민주형은 군주형과 허용형의 중간쯤되는 형이라고 말할 수 있으나, 그 이상의 의미를 함축하고 있다. 적극적인 부모의 가정에서는 '자유'가 이상적으로 추구되며, 타인의 권리와 개개인의 책임도 똑같이 추구해야 할 이상으로서 부모는 협동심을 길러주고 학습을 자극하는 지도자이다. 민주적 가정에는 질서가 있고 세심한 관심도 있다. 개개인이 다 중요한 구성원으로서 인정을 받는다.

② 적극적 부모역할의 첫 단계 : 선택

인간에게 있어서 단순하면서도 가장 강력한 힘은 선택하는 힘이다. 따지고 보면 국가 간의 전쟁이 불가피한 것도 그들의 삶을 선택할 권리를 보장받기 위한 것이다. 그만큼 선택권이란 큰 영향력을 지닌 것이다. 적극적 부모역할훈련에서 주장하는 적극적 부모는 '한계 안에서의 자유'를 자녀에게 허용한다. 여기에서 자유란 아동이 선택을 하는 자유인 것이다. 선택은 힘이다. 자녀들에게 선택의 자유를 제공하는 것은 그들의 힘을 크게 북돋워주는 것이다.

(2) 용기와 자기존중감 불어 넣기

어떤 사건을 접했을 때 자녀는 실패를 경험하게 되면 자신을 무능하다고 생각하게 되고 낙심하며 소극적이거나 자포자기적인 행동을 하기 쉽다(그림 <3-6>). 이처럼 어떤 사건에 관련되어 청소년이 생각하는 것은 감정과 행동에 영향을 미친다. 이러한 것이 계속되다 보면 아동에게 실패회로가 수립된다. 만약 십대들이 낙심하는 정도가 심해지면 학교를 포기할 수도 있다.

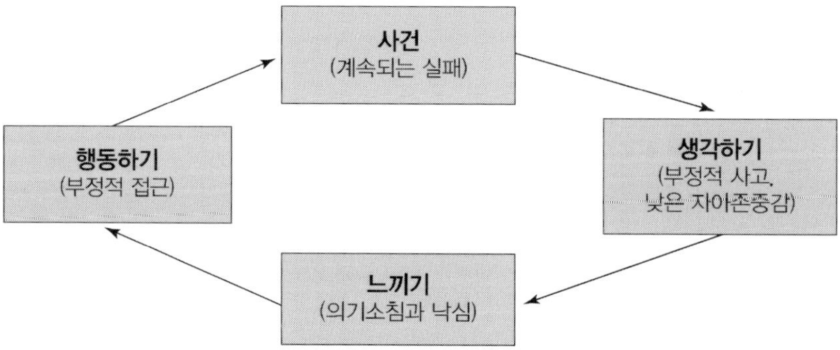

그림 3-6 실패회로

한편 자녀가 성공적인 경험을 하는 어떤 사건이 발생하게 되면 자신을 유능하다고 생각하게 되고, 자신감을 느끼며, 적극적이고 긍정적인 행동을 하게 된다(그림 <3-7>). 이러한 유형을 반복하다 보면 청소년에게는 성공회로가 수립된다.

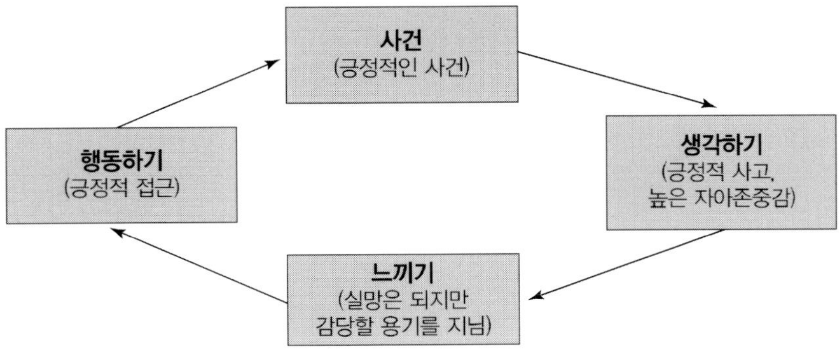

그림 3-7 성공회로

그러므로 부모는 자녀의 기를 꺾어주는 사람, 곧 어떤 사건의 유발자가 되지 않도록 유념하며, 낙심하고 있는 자녀를 실패회로에서 빠져 나오도록 돕고 용기있는 자녀들에게는 계속해서 성공회로 안에서 더욱 잘 생활할 수 있도록 도움을 주어야 한다.

이러한 성공회로 안에 머물게 하려면 자녀들이 자아존중감을 높이고 용기를 얻을 수 있도록 기를 살려주는 대화로 격려를 아끼지 않아야 한다(표 <3-9>).

표 3-9 기 꺾기-기 살리기

기 꺾기	기 살리기
1. 부정적인 기대감을 갖기	1. 자신감을 심어주기
2. 실수를 지적하기	2. 힘을 북돋우기
3. 완벽주의	3. 아동의 가치를 인정하기
4. 과잉보호	4. 독립심을 자극하기

(3) 자녀의 행동이해

① 아동의 행동이해(6~12세)

자녀의 그릇된 행동의 이면에는 자녀의 숨겨진 심리적 욕구 내지 목적이 있다. 자녀를 잘 지도하기 위해서는 자녀의 숨겨진 욕구를 부모가 먼저 파악하는 요령이 있어야 한다. 적극적 부모역할훈련에서는 자녀가 부정적 접근방식을 취했을 때, 부모가 느끼는 감정과 부모의 지도에 대한 자녀의 반응을 단서로 하여 자녀의 행동 목적을 이해할 수가 있다고 가르치고 있다(표 <3-10>).

② 청소년의 행동이해

드라이커스(Dreikurs)의 이론에 의하면, 청소년의 행동을 지배하는 다섯 가지 목적 또는 심리적 욕구는 접촉, 힘, 보호, 물러서기, 도전의 다섯 가지이다. 청소년은 다섯 가지 목적을 성취하는 수단으로서 긍정적이거나, 부정적인 접근을 사용하고 있다(표 <3-11>).

표 3-10 아동의 행동목적 이해하기

부모가 느끼는 감정	부모의 지도에 대한 자녀의 반응	부정적 접근방식	자녀의 목적(욕구)
짜증이 난다.	멈춘다. 그러나 곧 다시 시작한다.	부당한 관심끌기	접촉
화가 난다.	잘못된 행동이 증가한다. 혹은 잠시 수그러들다가 또 다시 싸운다.	반항	힘
속이 상한다.	부모의 마음을 계속 상하게 하거나 잘못된 행동을 증가시킨다.	복수	보호
무기력하다.	수동적으로 된다. 시도하려 하지 않는다.	부당한 회피	물러서기

표 3-11 청소년 행동의 다섯 가지 목적에 대한 긍정적·부정적 접근

십대의 목적	긍정적 접근	부정적 접근
접촉	공헌	부당한 관심끌기
힘	독립성	반항
보호	주장하기, 용서하기	앙갚음
물러서기	자기의 세계에 머무르기	과도한 회피
도전	기술연마, 무리없는 모험 즐기기	스릴 추구하기

(4) 책임감 발전시키기

책임감이란 자신이 어떤 행동을 선택하고 그 선택의 결과를 받아들이는 과정이다. 책임감 개발을 위한 효과적인 훈육방법을 살펴보면 다음과 같다.

① 정중한 요청

어떤 상황에서 부모가 원하는 바를 자녀가 잘 알지 못할 때는 먼저 요청을 통해 부모가 원하는 것을 자녀에게 부드럽게 밝힌다.

② 나-전달법

나-전달법에는 다음의 네 가지 요소가 있다.

- 부모가 보는 문제점을 구체적으로 밝힌다.
- 그 상황에 대해서 부모가 느끼는 바를 말한다.
- 부모 자신의 이유를 진술한다.
- 부모가 원하는 바를 밝힌다.

③ 논리적 결과

정중한 요청과 나-전달법이 효과가 없을 때에는 자녀에게 결과를 부여

한다. 논리적 결과란 자녀가 선택한 행동에 대한 타당한 대가를 치르게 하는 훈육방법이다. 논리적 결과를 사용하는 요령은 다음과 같다.

- 먼저 자녀에게 선택권을 준다.
- 자기 행동의 결과로 치르는 대가에 대한 토론에 자녀를 참여시킨다.
- 결과는 논리적 타당성이 있어야 한다.
- 부모 쪽에서 실제로 실천할 수 있는 선택권만 주도록 한다.
- 단호하지만 조용한 목소리로 말한다.
- 일단 자녀에게 선택권을 주고 나서는 반드시 그대로 실행시킨다.
- 자녀가 부모를 시험해 본다는 사실을 유념한다.
- 자녀에게 행동의 결과를 경험하는 기회를 다시 한 번 준다.

(5) 의사소통을 통한 협동심 구하기

가족이나 사회에서 협동심은 매우 중요한 가치를 가지고 있다. 간단히 말하면, 협동은 두 사람 이상이 공동의 목표를 향하여 함께 일하는 것이다. 자녀와 집안일을 논의할 때라든지 협력을 구할 때에 부모가 효과적으로 자녀에게 대화하는 요령은 자녀가 어떤 문제를 소유했을 때, 다시 말해서 자녀에게 고민이 생겼을 때에도 똑같이 사용할 수 있다. 이러한 의사소통의 기법은 두 단계로 나뉜다. 먼저, 의사소통의 걸림돌을 피하고 적극적인 의사소통기법을 사용하는 것이다.

적극적 부모역할훈련의 강조점은 가정에서 부모가 자녀와 정기적으로 가족회의를 열어서 가정의 의사결정과정에 자녀를 참여시키는 것이다. 이를 통하여 민주적인 리더십과 발표력이 신장되도록 하고 있다. 아울러 가족화목 활동을 권유하여 가족의 응집력과 부모-자녀 간의 애정을 돈독히 하는 방법을 가르쳐 주고 있다.

(6) 민주사회에서의 적극적인 부모

① 가족대화

가족대화를 위한 요령은 다음과 같다.

- 주제를 어떻게 소개할 것인지 계획을 세운다.
- 활기찬 토론을 할 질문들을 생각한다.
- 당신이 말하고 싶은 핵심적인 사항을 기록한다.
- 비디오, 오디오나 유인물과 같은 보조자료 인쇄물을 활용한다.

② 적극적 문제해결

적극적 문제해결의 5단계는 다음과 같다.

- 문제를 분명하게 규명한다.
- 생각과 감정을 나눈다.
- 가능한 해결책에 대하여 브레인스토밍한다.
- 해결책을 결정한다.
- 결정된 사항을 행동으로 실천한다.

③ 가족회의

가족회의는 모든 가족이 가정생활에 적극적으로 참여할 기회가 허용되도록 정기적으로 계획된 모임이다.

가족회의를 여는 데는 여러 가지 방식이 있다.

예) 가족회의 진행순서

- 개회사 및 칭찬하기
- 회의록 낭독
- 구 안건/신 안건
- 용돈
- 특별음식/가족활동

4) 운영방법

우리나라의 경우, 적극적 부모역할훈련은 한국본부인 홍경자심리상담센터에서 지도자 자격 연수과정을 받은 지도자가 전국 어디에서든지 부모 등을 대상으로 하여 실시하고 있다. 적극적 부모역할훈련 프로그램의 학습체계에 따라 1회에 2시간 30분 정도 진행하며, 6주에 걸쳐서 강의, 토론, 비디오 실습, 함께 나누기 등을 통해 훈련하며 한 집단의 크기는 10~20명이다. 지도자 자격증은 APT와 AP/Teens을 따로 나누어 획득하므로 프로그램 역시 유·아동 부모와 청소년 부모집단으로 구분하여 지도해야 한다. 특히 적극적 부모역할훈련 프로그램은 비디오를 활용한 훈련법이 가장 경제적이고 효과적인 혁신안이라는 결론을 내리고, 6개의 비디오테이프를 활용하여 시청각교육을 진행할 수 있다.

우리나라에 2007년 홍경자 등이 번안하여 소개된 'Active Parenting Now' DVD(부모코칭 프로그램; 적극적인 부모역할)는 'Active Parenting Today'의 개정판이다. 또한 이혼·별거 가정의 부모역할을 위한 DVD도 2009년 번안되어 부모교육에 활용할 수 있다.

프로그램의 학습체계는 다음과 같다.

- 지도자가 토론이나 비디오 상영을 통하여 새로운 내용을 소개한다.
- 비디오를 통해 출연가족들이 보여주는 부모역할의 기술을 관찰한다.
- 집단활동이나 비디오 실습을 통하여 새로 나온 내용을 실행해 본다.
- 가정에서 자료들을 읽고 부모용 지침서에 있는 숙제활동을 실행한다.
- 부모용 지침서를 보고 새로운 기술을 가정에서 적용해 본다.
- 모임 중 '함께 이야기 나누기' 시간에 피드백과 격려를 받는다.
- 학습한 기술을 꾸준히 반복해 보고 연습을 통해서 향상시킨다.

4. 행동수정 부모교육

심리학의 주요한 경향 중의 하나인 행동주의에 기초한 부모교육이론이 행동수정이론(behavior modification theory)이다.

행동수정이론은 왓슨(Watson)의 『영아 및 아동의 심리학적 양육』이라는 양육서의 출판과 부모교육 강연 실시로 호응을 얻기 시작하였으며, 1940년대에 이르러 스키너(Skinner)에 의해 행동주의 심리학적 기초를 가진 부모교육이론으로 널리 알려지게 되었다.

행동주의 심리학의 입장에서는 인간행동이 개인과 환경과의 상호작용을 통해 형성된다고 보기 때문에 인간행동을 변화시키기 위한 환경의 변화를 강조하였다. 따라서 행동주의 심리학에 근거한 부모역할이란 좋은 모델을 자녀에게 보여 주며, 바람직한 행동들은 더욱 잘할 수 있도록 강화해 주고 바람직하지 못한 행동들은 의도적·계획적으로 수정·변화되도록 훈련하는 것이다.

행동수정이론은 1940년대부터 현재에 이르기까지 일반 부모들의 자녀 행동형성 및 문제행동 수정과 특수한 문제를 가진 자녀들의 행동형성과 수정에도 폭넓게 적용되고 있다(연미희·김진숙. 2015 재인용).

1) 주장훈련 프로그램(Assertive Discipline for parents)

(1) 배경

부모를 위한 주장훈련(Assertive discipline for parents) 프로그램은 행동수정의 원리에 기초하여 아동·가족상담가인 캔터 부부(Lee Canter & Marlene Canter. 1985)가 개발한 부모교육 프로그램이다. 주장훈련 프로그램은 부모가 아동의 행동을 보다 효율적으로 길들이기 위한 접근방법을 단계적으로 설명하고 있다. 이 프로그램은 워크숍을 통하여 교사·부모·상담자를 훈련시키며, 훈련 내용은 부모가 단호한 태도로 아동을 훈육시키는 훈육방법을 중심으로 한다. 1984년 미국 교육자 전체의 10%인 40,000여 명의 교육자가 이 프로그램을 수료하였고, 부모들을 위한 주장적인 훈육훈련도 실시하였다. 특히 이 프로그램에서는 이혼 가정 또는 편부모 가정의 아동을 위한 내용을 개발하여 적용할 수 있도록 하였다(최혜순. 2011).

(2) 프로그램의 목표

주장훈련 프로그램은 상대방의 권리를 침해하거나 불쾌하게 하지 않는 범위 내에서 자신의 욕구, 권리, 의견, 생각, 느낌 등을 솔직하게 상대방에게 표현하는 행동을 훈련시키는 것이다. 그러므로 주장훈련은 먼저 적절한 행동에 대한 인지적 평가가 선행되어야 하며, 주장적 방법을 사용하여 상대방에게 단호하게 자신의 의견을 말로 표현하고, 자신의 의사를 행동으로 뒷받침하도록 훈련을 하게 된다. 부모와 자녀 간의 상호작용을 성공적으로 이끌어 나가기 위해서는 부모로 하여금 자녀에 대한 분명한 훈육의 필요성을 인식시키고, 자녀의 행동에 대해 주장적으로 대처할 수 있는 기술을 습득시키는 것에 초점을 두고 있다.

(3) 프로그램의 내용

① 부모들의 부적절한 반응

주장훈련 프로그램을 실시하기 전에 주장적 행동이 무엇인지를 이해하고 부모들이 사용하는 부적절한 반응에 대해 인식할 필요가 있다.

다음과 같이 부모들이 보이는 부적절한 반응은 자녀가 무엇을 하기를 원하는지를 명백하게 제시해 주지 못하고, 적대감만 초래한다는 점에서 효율적인 방법이라고 볼 수 없다. 그러므로 부모가 자신의 반응을 일단 부적절한 것으로 인식하기 시작하면, 주장훈련단계인 '단호하게 대화하기', '말과 함께 행동으로 보여주기', '규칙 정하기' 등의 기술을 학습함으로써 주장적 행동을 시작할 수 있다.

표 3-12 부모들의 부적절한 반응

단호하지 못한 반응	사실의 진술	너는 잘못된 행동을 하고 있다.
	질문	왜 그런 행동을 하니?
	애원	제발 좀 조용히 해 다오.
	따르지 않는 요구를 반복함	TV를 끄고 숙제를 해라.
무시	무시	자녀가 말한 것을 무시해 버린다.
적대적 반응	언어적 비하	너는 어쩌면 그렇게 단정하지 못하니?
	비현실적 협박	다시 한 번만 더 해봐라.
	심한 벌	너는 일주일 동안 나갈 수 없다.
	체벌	때리고, 밀고, 머리를 잡아당긴다.

② 주장훈련의 기본적 3단계

① 1단계: 단호하게 대화하기

1단계에서는 자녀의 행동에 문제가 있으면 직접적으로 단호하게 말하고, 말과 함께 눈맞춤이나 손짓과 같은 적절한 비언어적인 방법을 사용하는 것도 효과적이다.

이 과정에서 칭찬은 긍정적인 강화로서 가치가 있다. 특히 아이에게 직접 칭찬을 하거나 다른 어른 앞에서 아이를 칭찬하는 것도 좋은 방법이며, 비언어적인 칭찬(미소, 껴안아주기, 등 두드려주기)을 할 수도 있다. 주장적인 훈육법에서는 아이를 적어도 하루에 세 번 이상 칭찬하라고 제안하고 있다.

② 2단계: 말과 함께 행동으로 보여주기

2단계에서는 아이가 자신의 잘못된 행동, 결과를 스스로 알게 훈육하는 방법, 부모의 훈육을 시험하는(testing) 아이의 행동을 다루는 방법, 아이가 좋아지고 있을 때를 파악하여 긍정적 지지를 제공하는 방법 등을 배우게 된다.

말과 함께 행동으로 보여주는 훈육방법으로는, 예를 들면, 10살짜리 아이가 부모의 도구를 망가뜨렸다면 2주 동안 그 도구를 못 만지게 할 수 있다. 또한 자녀들이 행동의 논리적 결과를 알게 하고 책임감을 갖게 하기 위해 자녀들 스스로 행동을 선택하도록 해야 한다.

자녀가 부모를 시험하는 행동, 즉 울기, 떼쓰기 등을 할 경우 부모는 단호하게 반응해야 하며, 만약 자녀가 계속해서 맞서 대응하면 같은 내용을 반복해서 이야기해 주어야 한다. 2단계에서의 마지막 기술은 아이의 행동이 개선되고 있음을 알았을 때 긍정적인 지지를 제공해주는 것인데, 부모는 아이가 바람직한 행동을 했을 때 칭찬을 해주거나 특별한 보상이나 특권을 줄 수도 있다.

③ 3단계: 규칙 정하기

대개의 문제는 위의 두 단계로 해결이 된다. 그러나 경우에 따라서는 세 번째 단계인 '규칙 정하기' 단계가 필요할 수도 있다. 규칙을 만들기 위해서는 우선 부모와 자녀가 계획하고 기록한다. 즉, 내용은 자녀에게 변화하기를 바라는 행동이 무엇인지, 잘못된 행동에 따른 결과나 긍정적인 행동에 대한 강화는 어떻게 해 줄 것이며, 아이의 행동을 감독하는 방법은 어떤 것인지를 구체적으로 기술하게 된다.

그럼에도 이 방법이 효과적이지 못하면, 다음 기술로 훈육의 위계를 세워야 한다. 즉, 잘못된 행동에 대한 벌을 그 심각성의 정도에 따라 작은 결과부터 시작해서 점점 심각한 결과를 부여하도록 등급을 매기는 방법(parent-saver techniques)을 사용할 수 있다.

3단계에서의 마지막 기술은 권위를 가지고 정한 규칙을 실행하는 것이다. 즉, 부모는 아이와 눈을 마주치며, 침착하고 확고한 방식으로 부모의 요구를 설명하고, 아이의 행동이 어떻게 통제될 것인지를 설명해 주어야 한다. 주장적 훈육에서는 부모의 일관성 있는 지도가 무엇보다 중요하다(박성연 외. 2003).

(4) 운영방법

주장훈련 프로그램은 부모를 위한 프로그램으로 실시되지만 학교, 교회, 성당, 성인교육 프로그램 등 광범위하게 사용되고 있다. 현재 이 프로그램은 캘리포니아 주의 산타모니카에 있는 캔터(Canter)가 조직한 연합회에서 실시하고 있다. 이 프로그램에서 교사와 운영책임자들을 위한 훈련 프로그램으로 사용되는 저서로는 캔터 부부가 쓴 『교육자가 되는 길』(A take charge approach for today's educator)과 『주장훈련 자료집』(Assertive discipline resource guide)이 있다. 이 책에서는 부모로서 어떻게 의사소통해야 하는지, 자녀의 행동에 언제, 어떻게 적극적인 지지를 나타내야 하는지, 또 자녀의 분노·협박, "나는 몰라"라는 태도에 어떻게 대응할 것인지를 알려 준다. 훈련받은 부모들은 새로운 접근방법을 통해 바르게 하는 아동, 예의를 알고 지키는 아동, 행복한 생활을 하는 아동으로 성장시킬 수 있다고 하였다(최혜순. 2011).

2) SOS Help 부모교육 프로그램

(1) 배경

인지적 행동수정에 기반을 둔 클락(Clark, 1996)의 SOS Help 부모교육 프로그램은 책과 비디오를 통해 부모의 양육지침과 함께 부모가 아동의 문제행동을 다룰 수 있는 보다 실제적인 정보를 제공하고 있다(연미희·김진숙. 2015).

또한 클락은 좋은 행동은 보상해주기, 잘못된 행동은 우연이라도 보상하지 않기, 잘못된 행동은 벌하되 심하지 않은 벌 주기의 세 가지 양육행동의 기본원리를 강조한다.

(2) 프로그램의 내용

클락(1996)은 행동수정이론에 입각하여 바람직한 행동을 증가시키고 바람직하지 않은 행동을 하지 못하게 하는 방법으로 적극적인 무시(active ignoring), 지시나 명령하기(command), 타임아웃(time-out) 등을 효과적으로 사용하는 기술을 가르친다.

① 적극적인 무시

아동이 보이는 잘못된 행동은 때로 관심을 끌기 위한 것일 수도 있고, 그동안 잘못된 강화를 받았기 때문일 수도 있다. 그러므로 아동이 하는 좋지 않은 행동을 적극적으로 무시하는 것은 바람직하지 않은 행동을 수정하는 데 효과적일 수 있다.

예를 들어, 아이가 성질을 부리며 떼를 쓸 때, 어머니는 등을 돌려 짐짓 다른 일에 몰입한 듯 아이의 행동에 전혀 무관심한 태도를 갖거나, 위험한 장소가 아닌 한 그곳에 혼자 내버려두는 것이 좋다. 대신 아이가 그 행동을 멈추면 많은 관심을 주도록 한다.

적극적인 무시 방법

- 잠시 동안 아이에게 전혀 관심을 보이지 않는다.
- 꾸짖거나 잔소리를 하지 않는다.
- 고개를 돌리고 눈을 마주치지 않도록 한다.
- 화가 난 표정이나 태도를 하지 않는다.
- 다른 일에 몰입한 척하거나 그곳을 떠나 있는다.
- 잘못된 행동에 대해 물질적인 보상을 주지 않는다.
- 잘못된 행동을 그만 두면 많은 관심을 보여준다.

출처: 박성연 외. 2003.

② 지시나 명령하기

아이들의 잘못된 행동을 그만두게 하고 싶을 때나 잘못된 행동을 그만두라고 요구해도 잘 따르지 않을 때 지시나 명령을 하게 된다. 그러나 지시나 명령이 효력을 발휘하려면 부모는 단호하게 그리고 분명하게 구체적으로 지시하거나 명령할 수 있어야 한다. 예를 들어, 소파 위에서 뛰어 노는 딸아이에게 "왜 소파에서 그렇게 뛰고 그래? 망가지면 어떻게 하려고..."라는 간접적인 표현보다는 "소파에서 당장 내려와!"라고 말해야 한다.

효과적인 명령법

- 아이에게 가까이 간다.
- 아이의 이름을 부른다.
- 엄한 목소리로 말한다.
- 필요할 경우에는 타임아웃을 병행한다.
- 엄한 표정을 짓는다.
- 아이의 눈을 마주 쳐다본다.
- 직접적이고 간단하며 분명하게 명령한다.

출처: 박성연 외. 2003.

③ 타임아웃

훈육방법 중 하나인 타임아웃은 아이의 활동을 잠시 중단시키는 것으로, 즉 잘못된 행동을 한 후 즉시(10초 이내) 즐겁게 놀던 장소에서 아이를 격리시켜 재미없고 지루한 장소에 잠시 동안 있게 하는 방법이다. 타임아웃은 아동이 정해진 규칙을 지키지 않았을 때 또는 아동이 스스로 자신의 행동을 조절할 수 없을 때 효과적인 행동훈련 방법이다.

타임아웃 방법은 2세에서 12세 아동에게 사용할 수 있으나, 아이의 연령에 따라 다르게 적용되며 그 효과도 다르다. 특히 타임아웃에서 중요한 조건은 부모가 감정적으로 격해지지 않고 담담하게, 그러나 단호하게 지시하는 것이다.

타임아웃단계

1. 목표행동을 정한다.
2. 목표행동의 빈도를 확인한다.
3. 지루한 장소를 선정해 둔다.
4. 아이에게 타임아웃 방법에 대해 미리 말해 둔다.
5. 목표행동이 나타날 때를 기다린다.
6. 행동이 나타나면, 즉시(10초 이내), 단호하고 간단한 말로 타임아웃 장소에 가도록 지시한다.
7. 타이머를 2~12분으로(각 연령에 1분씩, 예: 2세면 2분) 설정하여 아이가 들을 수 있는 거리에 둔다.
8. 타이머가 울릴 때까지 아이에게 전혀 관심을 두지 않는다.
9. 타이머가 울린 후, 왜 타임아웃 장소에 있었는지 아이에게 묻는다.

*2와 9단계는 중요하나 필수적인 단계는 아님.

출처: 박성연 외. 2003.

이외에도 잘못된 행동을 지적하여 나무라는 꾸짖기, 자연적 결과 및 논리적 결과를 이용하기, 행동적 벌칙을 주는 방법이 있다.

(3) 운영방법

이 프로그램은 양육행동의 기본원리와 아동으로 하여금 잘못된 행동을 하게 하는 부모의 잘못된 양육행동을 기본으로, 생후 2세부터 12세까지 아동의 행동을 다루는 기술을 가르치며, 부모교육 지도자가 1~6회기까지 융통성 있게 진행할 수 있도록 계획되어 있다. 이것은 회기당 60~90분 가량 계속되며, 책과 비디오를 통해 부모가 자녀의 문제행동을 다룰 수 있도록 보다 실제적인 행동수정의 기술을 제공하고 있다.

5. 교류분석 부모교육

1) 배 경

교류분석이론(transactional analysis)은 부모-자녀 간의 의사소통과 상호교류 방법을 개선시키기 위한 목적에서 1950년대에 미국의 정신의학자 에릭 번(Eric Berne)이 개발한 이론이다. 1964년『사람들이 구사하는 게임(Games people play)』이라는 저서를 쓴 후 상호교류이론을 시작하게 된다. 그러나 번의 교류분석이론을 일반 대중에게 보급시킨 사람은 해리스(Harris, 1969), 제임스와 종워드(James & Jongeward, 1971)이다. 그들은 번이 작고한 후 '나도 옳고 당신도 옳다'(I'm O.K, You're O.K),『이기려고 태어났다(Born to win)』라는 책을 집필하여 번의 이론을 일반에게 알려 부모-자녀관계에 크게 영향을 주었다(연미희·김진숙. 2015 재인용).

2) 기본가정 및 목적

(1) 기본가정

교류분석이론의 기본적인 가정은 다음과 같다.

- 모든 사람들은 좋게(OK) 태어났으나, 좋지 않게(not OK) 느끼도록 배울 수 있다.
- 사람의 인성은 부모 자아상태, 성인 자아상태, 어린이 자아상태로 구분할 수 있다.
- 사람들이 겪는 발달과정에 따라 건강하거나 때로는 건강하지 못한 인성이 형성될 수 있다.
- 사람들은 자신의 인성발달을 촉진시키기 위해 능동적으로 참여할 수 있다.
- 어린이들은 스스로 자신의 지각, 신념, 행동에 영향을 주는 결정을 할

수 있다.

- 긍정적인 스트로크(stroke), 즉 신체접촉, 돌보기, 들어주기, 칭찬하기, 사랑하기 등은 강한 인성을 형성하는 데 필수적이다.

(2) 목 적

교류분석이론에서 부모교육을 통해 이루고자 하는 구체적인 목적은 다음과 같다.

첫째, 자신의 자아상태를 파악하여 성인 자아가 어린이 자아와 부모 자아의 부정적인 영향력과 혼합되지 않고 자유롭게 기능하여, 자녀가 부모의 부당한 금지나 명령들을 독립적으로 선택할 수 있도록 능력을 기른다.

둘째, 부모로 하여금 세 가지의 자아상태들을 상황에 따라 적절하게 사용할 수 있도록 하고, 각 자아상태가 쉽게 이동할 수 있는 융통성을 길러서 다른 사람과 효과적인 관계를 맺을 수 있도록 한다.

셋째, 부모와 자녀가 자신의 과거 경험을 통해 형성된 부정적 생활 자세를 버리고 '자기긍정-타인긍정'(I'm OK-You're OK)의 생활 자세를 선택하여 결정할 수 있도록 한다.

결국 부모교육의 목적은 개인이 자신의 자아상태를 자율적으로 선택할 수 있도록 능력을 함양하는 것이다.

3) 이론의 기초

(1) 자극의 욕구(stimulus hunger)

에릭 번은 모든 인간은 자극을 받고자 하는 욕구를 갖고 있어 끊임없이 자극을 갈망한다고 하였다(Berne. 1964). 할로우(Harlow)의 연구에서는 새끼 원숭이조차 성공적으로 적응하기 위한 일정한 수준의 접촉-위안

(contact-comfort)에 대한 사회적 충동이 존재함을 말해 주고 있다. 마찬가지로 스피츠(Spitz)의 연구에서는 돌봄을 받지 못하여 자극의 허기가 전혀 채워지지 않은 경우에는 마라스므스(marasmus)라 불리는 병에 걸릴 수도 있음을 말해 주었다(이영석 외. 1999 재인용). 이 질병은 제2차 세계대전 중 부모를 잃고 병원이나 시설에 수용된 아기들이 신체적 접촉을 받지 못하여 심하게 말라 결국은 모두 죽음에 이르렀던 병에서 붙여진 말이다. 따라서 자극, 특히 신체적 접촉은 모든 인간의 생존에 있어서 중요한 구성요소인 것이다.

(2) 스트로크

상호교류분석에서 자극의 욕구가 의미하는 핵심개념은 바로 스트로크(stroke)이다. 아동은 기분좋게 느끼는 긍정적 언어이든 혹은 기분 나쁘게 느끼는 부정적 언어이든 간에 자극받으며 인정받고 싶어 한다. 이러한 자극의 욕구를 만족시켜 주는 행동을 스트로크라고 한다. 스트로크는 '쓰다듬는다'는 뜻으로 교류분석에서는 '인간인식의 단위'라고 정의한다. 언어, 표정, 감정, 몸짓 등 언어적으로나 비언어적으로 행해지는 일체의 교류단위를 의미한다. 그 범위는 긍정적인 것에서부터 부정적인 것에 이르기까지 매우 광범위하고 포괄적이다.

긍정적인 스트로크(positive stroke)란 등을 가볍게 두드려 주거나 인정해 주는 말을 하여 한 개인을 기분 좋게 하거나, 그 자신에 대하여 좋다(OK)고 느끼도록 도와주는 것을 말한다. 부정적인 스트로크(negative stroke)는 언어적 모욕이나 정강이를 걷어차는 등 한 개인을 고통스럽게 하거나 기분 나쁘게(not OK) 느끼도록 내버려두는 것을 말한다.

한 개인이 생존하기 위해서는 스트로크가 기분을 좋게 하거나 혹은 기분을 나쁘게 하는 것에 관계없이 필요하다. 따라서 스트로크 욕구에 대한 허기를 채우지 못한 어린이는 아무런 관심을 받지 못한 것보다는 차라리 부정적인 스트로크라도 받으려고 할 것이다.

(3) 삶에 대한 기본적 입장

스트로크의 형태나 강도는 상황에 따라 다르게 일어나며, 부모마다 사용하는 방법도 다양하다. 어려서부터 스트로크를 긍정적으로 받은 어린이들은 자신을 가치있는 사람으로 느낄 가능성이 높고, 부정적인 스트로크를 많이 경험한 어린이들은 열등감이나 부적응감을 느낄 수도 있다. 이런 과정을 통하여 한 개인은 자신과 타인에 대해 어떻게 느끼는가에 대한 기본적인 삶의 입장이 달라질 수 있는 것이다. 세상을 바라보는 자아의 삶에 대한 기본적인 입장은 다음과 같이 크게 4가지로 구분해 볼 수 있다.

① **자기긍정-타인긍정**(I'm OK-You're OK)

대체적으로 한 개인이 자신에 대하여 만족하고 다른 사람과의 관계를 편안하게 느끼는 건전한 입장이다. 이런 사람은 모든 느낌을 인식하고 표현할 수 있기 때문에 늘 승리하는 위치에 있으며, 계속 활동하고 성장하려는 동기를 갖는다.

② **자기부정-타인긍정**(I'm not OK-You're OK)

이런 사람은 타인과 비교하여 자신이 열등하다고 느끼는 입장에 있다. 이러한 사람은 다른 사람이 자신을 유능하고 가치 있다고 인정해 줄 때에만 자아존중감이 생기기 때문에 늘 다른 사람의 손 안에 있게 된다.

③ **자기긍정-타인부정**(I'm OK-You're not OK)

이런 입장에 있는 사람은 타인을 부적절하고 가치없는 사람으로 보려고 한다. 설령 자신도 두려움을 느끼고 불안정하여도 다른 사람은 믿지 못하고 본질적으로 다른 사람 위에 군림하려 한다. 쉽게 분노를 느끼고, 타인을 경멸하고 무시하는 태도를 보이며, 늘 은혜를 베푸는 입장에 있고 싶어한다.

④ **자기부정-타인부정**(I'm not OK-You're not OK)

이런 사람은 모든 인간관계에 대해 부정적이기 때문에 아무도 믿지 못한다. 심지어는 자신도 믿지 못하기 때문에 자신은 성공하지 못하고 늘 실패할 것으로 여기며, 인생은 황량하고 가치가 없는 것으로 보는 입장에 있다.

4) 이론의 구조

각 개인의 인성은 자아상태(ego states)라 불리는 몇 개의 부분으로 구성되어 있다. 자아상태는 현실을 파악하고, 정보를 처리하며, 세상에 대하여 한 사람이 일관성있게 느끼는 느낌과 가치에 반응하는 행동의 총체를 말한다(Babcock & Keepers. 1976).

상호교류분석에서는 한 개인의 인성구조를 세 가지의 자아상태, 즉 어린이 자아상태(child ego state), 성인 자아상태(adult ego state), 부모 자아상태(parent ego state)로 구분하여 설명하고 있다. 자아상태는 몸의 움직임, 불규칙한 목소리의 형태, 언어로 나타나는 말의 내용들을 기초로 구별된다.

세 가지 자아상태는 그림 <3-8>과 같은 세 개의 원으로 도식화할 수 있다. 세 개의 원은 각각 분리되고 독립된 자아상태를 나타내며, 다른 내용과 행동에 의해 파악될 수 있음을 의미한다. 어린이 자아상태는 출생시부터 존재하고, 성인 자아상태와 부모 자아상태는 다른 사람들을 생각하면서 자기 스스로를 돌보아야 하는 사회적 세계에 대한 적응인 것이다.

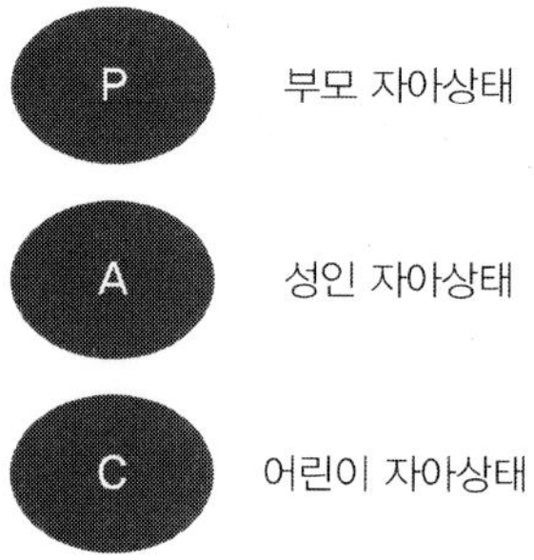

그림 3-8 세 가지의 자아상태

(1) 부모 자아상태(P)

부모 자아상태는 개인의 삶에 영향을 주어 왔던 의미있는 타인들의 행동이 마음속에 심리적으로 기록된 부분이다. 부모 자아상태에서는 인간이 해야 하는 것과 해서는 안 되는 것에 대해 배워온 법칙, 예절, 전통, 가치 그리고 중요한 것이 무엇인지를 배우게 되는 것들을 포함한다. 그러므로 부모 자아상태는 한 인간이 자신의 사회와 문화에서 잘 살아나가기 위해 알아야 하는 것들에 관한 것이다. 이와 같이 부모 자아상태는 비판적이고 통제적이며 조력적이고 양육적일 수 있다. 즉, 아동의 부모 자아상태는 부모들의 가치와 방법을 반영한 것이다.

(2) 성인 자아상태(A)

인성의 성인 자아상태는 자료를 수집하고 처리하는 등의 논리적인 과정을 통하여 결론에 이르게 한다. 성인 자아상태는 외부 현실에 대한 정확한 관찰과 예측의 기능을 갖고 있다.

교류분석에서의 성인 자아상태는 생활연령에 의해 구분되는 성인에게서만 존재하는 것이 아니라 아주 어린아이라도 성인 자아상태는 소유하고 있다. 물론 어린이의 생활연령이 증가함에 따라 성인 자아상태의 질적 수준은 달라진다. 성인 자아상태의 가장 성숙한 기능수준은 12세경에 시작되며, 추상적이고 가설-연역적인 사고를 다룰 수 있는 16세경에 더욱 원숙해진다. 각각의 개인은 기능적 성인 자아상태를 소유하지만 정교함의 수준에 있어서는 다양하다.

(3) 어린이 자아상태(C)

에릭 번(Eric Berne)은 "어린이 자아상태는 여러 면에서 인성의 가장 가치있는 부분이고 개개인의 삶에 기여한다. 실제 가정생활에서 어린이가 가족들에게 커다란 매력과 기쁨을 주는 것과 마찬가지로, 어린이의 내면에는 직관적 통찰, 창의성, 자발적인 욕구와 즐거움이 존재한다"고 하였다.

인성의 어린이 자아상태는 한 개인의 생물학적인 욕구와 기본적 감정들이 저장되어 있는 심리적 창고이다. 이러한 어린이 자아상태는 큰 고통이나 기쁨의 상황에서 또는 비교적 덜 금지된 행동들에서 기쁨, 분노, 공포, 슬픔 등의 어린애 같은 표현이 무의식적으로 나오게 되며, 이런 과정에서 나타나는 유치하거나 어린애 같은 행동은 그에 상응하는 어린이 세계의 지각, 사고, 감정들이 동반된다.

5) 교류의 형태

상호교류란 두 사람 사이에서 일어나는 스트로크의 교환이다. 각 교류는 한쪽에서의 자극과 다른 쪽에서의 반응으로 결합된다. 한 사람이 다른 사람과 교류할 때에는 다양한 자아상태를 사용하게 된다. 이러한 상호교류의 형태는 보완적 상호교류, 교차적 상호교류, 이면적 상호교류로 구분하여 설명할 수 있다(이영석 외. 1999).

(1) 보완적 상호교류

교류에서 단지 두 가지의 자아상태만 포함된다면 서로 보완적인 관계가 있기 때문에 두 사람 간의 대화는 계속될 수 있다. 이와 같이 두 사람의 사회적인 자극에 대한 요구가 서로 바라는 방향으로 채워지는 교류의 형태를 보완적 상호교류(complementary transaction)라 한다. 이 보완적 상호교류에 참여하고 있는 사람은 다양한 자아상태로부터 스트로크를 교환할 수 있다. 두 자아 간에 요즘 아이들의 무례함에 관한 것(부모 대 부모 자아상태의 교류), 문제해결을 위한 것(성인 대 성인 자아상태의 교류), 함께 놀며 재미있어 하는 것(어린이 대 어린이 자아상태의 교류) 또는 양육하거나 나무라는 것(부모 대 어린이 자아상태의 교류) 등은 보완적인 상호교류가 일어나는 것이다. 보완적 상호교류 관계의 예는 그림 <3-9>와 같이 나타낼 수 있다.

보완적 상호교류의 기본적인 전제는 부모, 성인, 어린이 자아상태의 교류에서 개인의 자극과 반응이 평행이거나 상호보완적이어야 의사소통이 부드럽게 진행될 수 있다는 것이다.

성인 자아상태 간의 상호교류의 예는 아빠가 아들에게 "몇 시에 수업이 시작되니?"하고 성인 자아상태에서 성인 자아상태의 자극을 요구한 경우, 아들이 "8시 30분에 시작해요"라고 반응한 것은 성인 대 성인의 수평적인 상호보완적 교류라 할 수 있다.

부모와 어린이 자아상태 간의 상호교류의 예는 딸이 "엄마, 날 사랑하세요?"라고 어린이 자아상태에서 부모 자아의 자극을 원하는 경우, 엄마가 "그럼, 사랑하고 말고"라고 반응한 것은 부모 자아 대 어린이 자아의 수평적 관계를 이루는 상호보완적 교류인 것이다.

어린이 자아상태 간의 상호교류의 예는 남편이 "여보, 아이들이 구슬치기하는 걸 보니 옛날 생각이 나는구려!"라는 어린이 자아상태에서 어린이 자아의 자극을 원하는 경우, 아내가 "구슬치기 놀이는 참 재미있었지요"라는 반응은 어린이 대 어린이 자아의 수평적 상호보완적 교류라 할 수 있다.

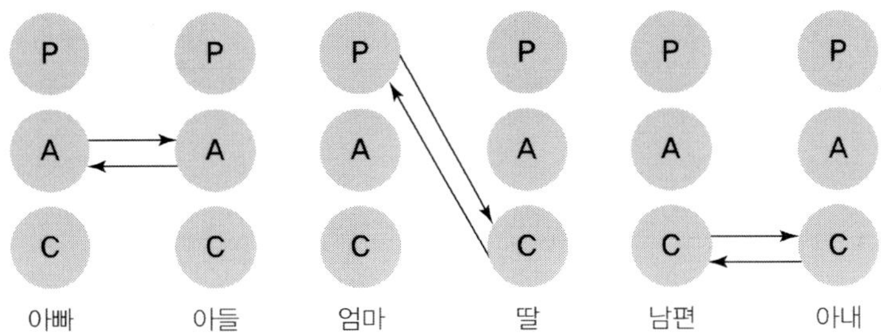

그림 3-9 보완적 상호교류

(2) 교차적 상호교류

어떤 메시지에 반응하는 자아상태가 다른 사람이 의도하는 자아상태와 일치하지 않아 의사소통이 중단되거나 분열되는 경우를 교차적 상호교류(crossed transaction)라 한다. 인간관계에서 문제가 생기는 경우에는 대체로 보완적 교류가 이루어지지 못하고 자아상태가 교차된 교류가 생기기 때문이다.

그림 <3-10>은 교차적 상호교류의 예를 나타낸 도식이다. 그림의 예에서 아빠와 아들의 대화에서 "혹시 아빠 지갑을 못 보았니?"라고 묻는 아빠에게 "못 봤는데요. 찾아볼게요"라고 대답했다면 정보를 원하는 사람에게 객관적인 정보를 제공함으로써 성인 대 성인 자아상태의 교류가 이루어질 수 있지만, 아들이 "저는 아빠 지갑을 만지지 않았는데요"하고 책임을 회피하고 처벌을 면하려는 부모 자아상태에 호소하는 경우에는 교차적 상호교류가 일어난다.

또한 반대로 아내와 남편의 대화에서 "여보, 내 핸드폰 어디 있는지 못 봤어요?"라고 묻는 아내의 말에 "식탁 위에서 본 것 같은데요"라고 대답하면 필요한 정보를 제공하여 문제해결에 이르렀기 때문에 성인 대 성인 자아상태로 교류된 것이다. 그러나 "물건은 한 곳에 좀 놓으세요! 당신은 매일 물건을 여기저기에 놓고 필요할 때마다 찾는 나쁜 습관이 있어요"

라고 대답했다면 성인 자아상태의 교류를 원하는 사람에게 부모 자아상태에서 꾸지람을 하는 것이 되어 교차적 상호교류가 일어나게 된다.

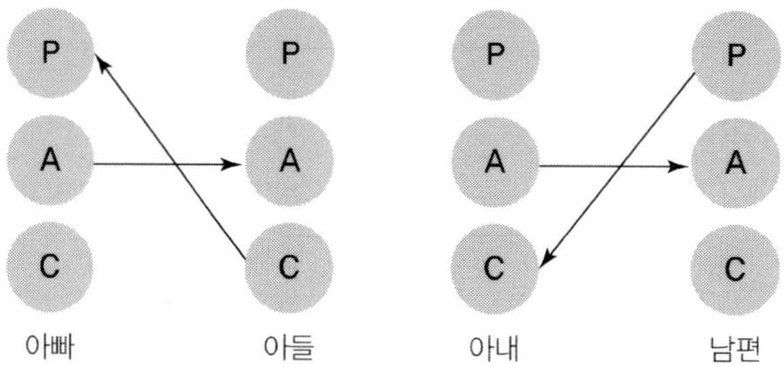

그림 3-10 **교차적 상호교류**

(3) 이면적 상호교류

이면적 상호교류(ulterior transaction)는 외적으로 나타나는 자아상태와 이면에서 실제적으로 작용하는 자아상태가 다른 경우를 말한다. 즉, 겉으로 드러난 메시지에는 숨어 있는 심리적인 내용이 담겨 있기 때문에 상대방이 감추어진 의미를 인식하고 반응하는 것이다. 이러한 이면적 상호교류는 겉으로 드러난 사회적 수준과 이면에 깔려 있는 심리적 수준이 이중적으로 나타나거나 각이진 상호교류 형태로 나타난다. 겉으로 드러나는 메시지는 주로 언어적 메시지로 소통되는 것에 비하여, 감추어진 심리적 의미는 주로 단어 함축, 목소리 억양, 몸짓 등에 의해 소통된다. 그림 <3-11>은 이면적 상호교류를 나타내는 예이다.

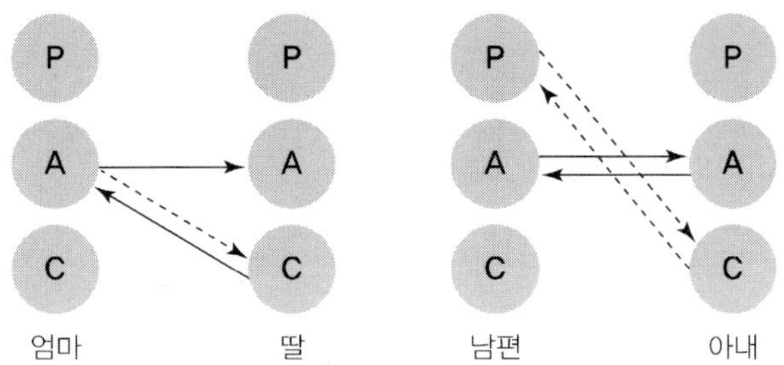

그림 3-11 이면적 상호교류

각이진 상호교류(angular ulterior transaction)는 두 사람 간의 대화에 세 종류의 자아상태가 관여하는 교류형태로, 일반적인 정보를 제공하면서 상대방의 자아상태가 자극되기를 바랄 때 사용된다. 예를 들어, 자녀가 일을 도와주길 바라는 엄마가 "넌 아직 어려서 엄마 일을 도울 수가 없겠구나"라고 자녀에게 말했을 때, 표면적 수준에서는 객관적인 정보를 제공하고 있지만, 심리적 수준에서는 어린이 자아상태를 자극하고 있다. 이러한 경우 어린이가 "난 엄마를 잘 도와줄 수 있어요"라고 반응하였다면, 엄마는 자녀의 어린이 자아상태를 자극하여 소기의 목적을 달성한 것이다. 이때의 상호교류 형태를 각이진 상호교류라 한다.

이중적 상호교류(duplex ulterior transaction)는 두 사람 간에 네 가지 종류의 자아상태가 작용하고 있는 것이다. 남편과 아내의 대화에서 "당신, 세탁기 열어봤어요?"라는 남편의 말은 표면적으로는 객관적인 정보를 아내에게 주어 성인 자아상태를 자극하고 있지만, 이면에 깔려 있는 심리적인 메시지는 "어제 넣었던 세탁물이 아직 그대로 있다는 것은 할 일을 제대로 하지 않는다"고 책망하는 어린이 자아상태를 자극하는 뜻이 숨어 있다. 이런 경우 "아뇨, 아직 열어보지 않았어요"라고 대답한 아내의 표면적인 말은 성인자아의 자극에 반응하는 것이다. 그러나 이면에 깔려 있는 자아상태는 "당신은 왜 나만 갖고 그래요? 바쁠 때는 당신이 챙겨 주면 안 되나요?"라고 부모 자아상태에 호소하는 이중적 상호교류를 하고 있는 것이다.

6) 운영방법

교류분석이론의 부모교육 프로그램은 훈련을 받은 지도자가 부모들을 집단화하고 이를 대상으로 알맞은 프로그램을 작성하여 시도하게 된다. 교육 프로그램을 시작하기 전에 워크숍과 예비모임을 하게 되는데, 이러한 워크숍이나 예비모임을 통해 부모교육 운영에 대한 사전지도를 받게 된다.

교류분석이론의 부모교육 프로그램은 표준화된 교육과정이 있는 것이 아니라 교류분석이론을 바탕으로 부모 자신의 위치와 문제를 평가하는 것과 자녀의 건전한 성장을 도울 수 있는 양육방법을 제공하는 내용을 담고 있다. 번(Berne)의 교류분석이론에 따라 체계적인 절차를 적용하며, 각 부모-자녀 간의 인성구조에 대한 분석과 인간관계의 교류분석, 심리적인 자아상태에서의 게임, 자녀-부모의 생활자세의 분석을 하게 된다.

부모를 위한 교재는 해리스(Harris)의 저서 『나도 옳고 너도 옳다(I'm O.K-You're O.K)』와 번의 『사람들이 구사하는 게임(Games People Play)』 등을 활용한다. 또한 제임스(James. 1974)의 『엄마와 아빠를 위한 교류분석(Transactional Analysis for Moms and Dads)』 그리고 제임스와 종워드(James & Jongeward, 1971)의 『이기려고 태어났다(Born to Win)』와 밥코크와 키퍼드(Babcock & Keepers. 1976)의 『아동의 긍정성 기르기(Raising Kids O.K)』 등을 활용한다.

6. 감정코칭 부모교육

1) 배경

한국의 전통적인 문화권 안에서 자란 대부분의 남자와 여자들은 감정을 표현하는 데 익숙하지 않다. 그러나 최근 10년간 젊은 사람들의 사고나 행동패턴이 많이 바뀌었다고는 하지만 아직도 불충분하기 때문에 부부갈등이 많은 것이다. 우리 문화에서 아직은 가족 간에 감정을 교류하기 어려운 것이 가장 큰 문제이다. “자녀를 정서지능도 높고 학교 성적도 우수한 아이로 키우는 방법은 의외로 간단합니다”라고 말하는 가족치료 전문가로 세계적인 명성을 얻고 있는 미국 워싱턴대 석좌교수 존 가트맨(John Gottman) 박사는 2010년 4월 8일 서울에서 가진 기자회견에서 자녀교육에 관심 있는 부모들이 솔깃할 만한 주제를 던졌다. 그는 자녀교육에 감정코칭을 도입하면 유용하다고 했다(최혜순. 2011).

가트맨 박사는 ‘감정코치(emotion coach)’라는 신교육개념을 개발해냈으며, 이를 토대로 부모와 아이들에게 ‘감정코치’법을 교육하고 체험한 변화를 소개해 큰 반향을 일으켰다. 우리나라에는 최성애 박사가 처음으로 감정코칭을 방송에서 소개했으며, ‘내 아이를 위한 감정코칭’(존가트맨·최성애. 2011)이라는 책을 출간해 좋은 반응을 얻고 있다.

2) 교육내용

(1) 초감정(meta emotion) 알기

내 감정의 근원인 초감정이란 ‘감정 뒤에 있는 감정’, ‘감정을 넘어선 감정’, 감정에 대한 생각, 태도, 관점, 가치관 등이다(존 가트맨·최성애. 2011).

큰 소리가 유난히 싫고 거슬리는 감정 속으로 들어가 근원을 살펴보니

어릴 적 큰소리를 쳐서 집안을 공포의 분위기로 몰아갔던 아버지에 대한 공포, 미움, 불안, 무기력감 등의 초감정이 깔려 있었다. 그러므로 자신의 초감정을 인식하는 일이 중요하다.

(2) 감정일지 쓰기

감정을 숨기는 부모 밑에서 자란 아이는 그렇지 않은 아이보다 감정을 다스리는 능력이 훨씬 떨어진다. 그러므로 부모는 자신의 감정을 숨기지 말고 있는 그대로 느끼고 시인하는 것이 중요하다.

"엄마는 지금 화가 났어."

"아빠는 네가 비겁한 사람이 될까봐 걱정이 돼."

감정일지란 말 그대로 하루 동안 어떤 감정을 느꼈는지를 기록하는 것이다. 감정일지는 자신의 감정을 인식하는 것뿐 아니라, 자기감정을 좀 더 객관적으로 바라보고 조절할 수 있는 힘을 키우도록 도와준다. 감정일지를 쓰기란 쉽지 않지만 간단하게라도 어떤 감정을 어떤 상황에서 느꼈는지, 감정의 강도는 어느 정도였는지를 적어두면 감정과 좀 더 빨리 친해질 수 있다. 일주일 정도만 기록해도 평소 자신의 감정을 이해하는 데 큰 도움이 된다(존 가트맨·최성애. 2011).

표 3-13 감정일지 작성 양식

요일	감정	상황 (감정을 유발한 상황이나 장면)	주관적 감정의 강도 (1~10으로 기록) *가장 낮을 때가 1, 가장 강하게 느낄 때를 10으로 한다.
월			
화			
수			
목			
금			
토			

(3) 자녀교육 유형

대부분의 부모들과 양육자들은 주로 선호하는 양육 경향이 있다. 존 가트맨 박사가 여러 부모(30년간 약 3,000쌍의 부부)를 조사해 본 결과, 부모들의 자녀교육에는 네 가지 유형이 있다고 한다. 네 가지 양육유형에 따라 자녀와 의사소통하는 방법과 내용은 다음에서 보는 것처럼 아주 다르다(존 가트맨·최성애. 2011).

① 축소전환형 부모: 별것 아니야

축소전환형 부모의 특징

- 아이의 감정을 대수롭지 않게 여기거나 무시한다. 때론 비웃거나 경시한다.
- 감정은 좋은 감정과 나쁜 감정이 있고, 나쁜 감정은 살아가는 데 아무런 도움이 되지 않는다고 생각한다.
- 아이가 부정적 감정을 보이면 불편해서 아이의 관심을 빨리 다른 곳으로 돌린다.
- 아이의 감정은 비합리적이어서 중요하지 않다고 생각한다.
- 아이의 감정은 그냥 놔둬도 시간이 지나면 저절로 사라진다고 생각한다.
- 감정적으로 통제가 불가능한 것을 두려워한다.

② 억압형 부모: 그럼 못 써

억압형 부모의 특징

- 아이의 감정을 무시하고 심지어는 잘못된 것이라고 비판한다.
- 아이의 감정보다는 행동을 보고 야단을 치거나 매를 든다.
- 부정적 감정은 나쁜 성격, 나약한 성격에서 나온다고 생각한다.
- 아이는 요구 사항이 있을 때 부정적 감정을 이용한다고 생각한다.
- 부정적 감정은 억제해야 한다고 믿는다.
- 아이의 부정적 감정은 매를 들어서라도 없애주고, 올바른 행동을 가르쳐야 한다고 생각한다.

③ 방임형 부모: 뭐든 괜찮아

방임형 부모의 특징

- 아이의 모든 감정을 다 받아준다.
- 좋은 감정, 나쁜 감정을 구분하지 않는다.
- 감정은 물론 행동에 대해서 제한을 두지 않는다.
- 감정을 분출하면 모든 것이 해결된다고 믿는다.
- 아이의 부정적 감정을 공감하고 위로하는 것 외에 아이에게 해줄 것이 없다고 생각한다.
- 아이가 감정을 처리하고 문제를 해결하는 데는 관심을 두지 않는다.

④ 감정코치형 부모: 함께 찾아보자

감정코치형 부모의 특징

- 아이의 감정은 다 받아주되 행동에는 제한을 둔다.
- 감정에는 좋고 나쁜 것이 있다고 나누지 않고, 삶의 자연스러운 일부로 다 받아들인다.
- 아이가 감정을 표현할 때 인내심을 갖고 기다려 준다.
- 아이의 감정을 존중한다.
- 아이의 작은 감정 변화도 놓치지 않는다.
- 아이와의 정서적 교감을 중요하게 여긴다.
- 아이의 독립성을 존중하며 스스로 해결방법을 찾도록 한다.

(4) 감정코칭 5단계

가트맨 박사의 감정코칭은 부모교육에 있어 하나의 방법이나 전략으로 많이 활용되고 있다. 감정코칭 성공의 열쇠는 자녀들이 부모에게서 존중받는다는 느낌을 갖는 것에서 시작된다. 감정을 코치하는 것은 아이들의 행동을 지도하면서 그들의 감정을 소중히 여기는 양육방법이다.

① 1단계: 아이의 감정 인식하기

온몸으로 표현하는 감정을 알아차리기란 쉽지 않다. 감정은 행동 안에 숨어있기 때문에 부모도 모르는 사이에 감정보다는 행동에 대해 이야기하게 된다. 그러나 부모는 행동 속에 숨은 감정을 포착하는 것, 바로 이것이 감정코칭의 1단계이다.

② 2단계: 감정적 순간을 좋은 기회로 삼기

아이의 감정에 세심한 주의를 기울이고, 그것을 그냥 무시하거나 피하지 않고 감정적인 순간들을 아이에게 더 가깝게 다가가는 기회로 삼는다.

감정코칭은 감정을 보이는 순간에 하는 것이 좋고, 특히 강한 감정을 보일 때가 감정코칭을 하기 좋은 때이다. 아이들이 노골적으로 감정을 드러낸다는 것은 그만큼 누군가의 도움을 간절하게 원한다는 의미가 된다.

③ 3단계: 공감하고 경청하기

부모는 아이의 말에 귀 기울여 듣고, 긍정적·부정적 감정을 모두 공감해주며, 아이가 느끼는 것을 함께 나누도록 해야 한다. 여기서 중요한 것은 '들어주고 받아들여준다'는 것이다.

아이의 감정을 정확하게 이해하고 공감할 수 있는 좋은 방법은 '거울식 반영법(mirroring)'으로 아이가 감정을 이야기하면 그대로 한 번 말해주는 방식이다. 그리고 나서 부모도 공감한다는 것을 알려준다.

④ **4단계: 감정을 표현하도록 돕기**

아이가 자기 감정이 어떤 것인지 잘 모를 때는 부모가 대신 감정에 이름을 붙여줘도 좋다. 하지만 가능한 한 아이가 스스로 자기감정을 표현할 단어를 찾도록 돕는 것이 더 좋다. 특히 부모가 자신의 감정에 이름을 붙이고 이야기함으로써 좋은 본보기가 될 수 있다.

⑤ **5단계: 스스로 해결책 찾기**

아이의 감정은 다 받아주어야 하지만 행동까지 모두 받아주어서는 안 된다. 그러므로 아이를 혼낼 때는 감정이 아니라 행동에 대해 꾸짖고 올바른 행동을 할 수 있도록 구체적인 방안을 알려 주어야 한다. 예를 들면, 다음과 같다. 첫째, 너는 어떻게 하고 싶니? 둘째, 그 문제를 해결하는 데 도움이 되는 생각은 어떤 것이 있을까? 다른 방법을 더 생각해낼 수 있니? 셋째, 어떤 아이디어가 가장 효과가 있을 것 같니? 하면서 아이가 해결책을 고르도록 하는 식으로 아동을 지도해야 한다.

이상과 같은 감정코칭 양육의 결과는 우리가 생각하는 것보다 훨씬 더 효과적이라고 한다. 감정코칭 프로그램은 미국에서 10년 동안 연구한 결과 감정코치형 부모가 키운 어린이는 집중력이 높고, 또래 관계가 좋으며 자아존중감이 큰 어른으로 성장한다고 결론 내렸다. 아무리 감정코칭형 부모가 이상형이라 하더라도 실생활에서 100% 이러한 부모로 살기란 불가능하다. 대화의 40%만 감정코치형이어도 좋은 결과를 얻을 수 있다고 한다(최혜순. 2011).

PART 02

특수아 부모교육의 실제편

Chapter 04

특수아 부모교육의 운영방법

1. 특수아 부모교육의 목적

본 특수아 부모교육은 부모효율성훈련(PET), 효율적 부모역할을 위한 체계적 훈련(STEP), 적극적 부모역할훈련(AP), 이영호·김혜숙의 장애아동 부모교육의 실제 등을 참고로 하여 구성하였다.

이 부모교육의 목적은 특수아 부모들의 스트레스를 감소시키고, 민주적으로 자녀를 양육하는데 필요한 의사소통기술을 습득하여 바람직한 부모-자녀관계를 형성시키는데 있고, 구체적인 목표는 다음과 같다.

첫째, 특수아 부모들의 스트레스를 이해하고 대처방안을 모색하게 한다.

둘째, 특수아 부모들에게 경청기술, 나-전달법, 민주적 해결방법 등의 의사소통기술을 습득하게 하여 부모-자녀 간의 문제를 원만하게 해결하게 한다.

셋째, 부모들이 특수아의 발달단계에 따른 부모역할에 관한 내용을 습득하여 자녀의 발달단계에 따른 적절한 지도를 하게 도움을 준다.

마지막으로 특수아 부모들과의 연대를 통한 협력 등에 관한 사항을 부모들에게 습득시켜 특수아 가족 전체의 행복한 삶을 증진시키는 방안을 더욱 모색하게 한다.

2. 특수아 부모교육의 내용

1회기: 부모의 스트레스 이해 및 대처방안

2회기: 부모의 양육태도 및 효율적인 부모역할

3회기: 부모-자녀 간의 바람직한 의사소통방법

4회기: 부모-자녀 간의 민주적 문제해결방법

5회기: 자녀의 발달단계에 따른 부모의 역할

6회기: 부모들 간의 상호지원/ 수료식

3. 특수아 부모교육의 진행방법

1) 집단구성 및 크기

- 부모교육에 관심이 있는 특수아 부모들을 대상으로 10-20명 미만의 소집단으로 구성하여 부모교육을 실시한다. 집단의 크기를 소집단으로 구성하는 이유는 참가부모들이 발표의 기회를 더 많이 갖게 하며, 도의가 효과적으로 이루어지도록 하기 위함이다. 또한 집단의 역동성이 발휘되기 위해서는 최소 10명 이상의 참가부모들이 확보되어야 한다.
- 특수아 부모가 집단에 적극적으로 참여하고 학습의 효과가 증진시키기 위해서는 자녀의 발달단계에 따라 동질집단을 구성하는 것이 바람직하다. 예를 들어, 어린이집 같은 유아교육기관의 경우 영유아로 한정되므로 특수영유아 부모로 동질집단을 구성할 수 있다.

2) 운영방식

특수아 부모교육에 참석한 부모는 교육 종료 시까지 참여할 수 있도록 격려한다. 집단구성원이 바뀌는 것은 바람직하지 않으므로 중간에 다른 부모를 참여시키는 것은 지양한다.

3) 환경구성

- 부모교육 장소는 의자를 원형 및 타원형으로 배치하여 부모들이 토의나 역할놀이를 용이하게 할 수 있도록 한다.
- 실내는 소음이 적고 조용하며 아늑한 분위기에서 부모들이 집중하여 교육을 받을 수 있도록 환경을 조성한다.
- 부모교육 시간에 미리 온 부모들이나 교육 중간 모든 부모들이 휴식 시간에 차와 간단한 간식을 먹을 수 있도록 준비한다.

4) 강사 역할

- 강사는 부모교육 자료를 잘 숙지하고 부모교육에 필요한 전반적인 지식과 기술을 익힌다.
- 강사는 자신감을 갖고 프로그램을 진행해야 하며, 부모 개개인의 요구에 민감하고 융통성 있는 태도를 가져야 한다.
- 강사는 시청각 매체(빔프로젝터), 워크북, 부모용 질문지, 필기도구 등을 준비하여 교육내용에 따라 적절하게 활용한다.
- 강사는 수용적인 분위기를 조성하여 부모들이 편안하게 부모교육에 참여할 수 있게 해야 한다.

5) 모임 횟수 및 소요시간

특수아 부모교육은 총 6회로 1주일에 1회 모임을 가지며, 1회 적정 소요시간은 2-3시간 정도를 권장한다. 그러나 지역적 특성, 모임의 형태, 참가인원 및 부모의 특성에 따라 모임의 횟수나 소요시간은 다소 조정될 수 있다.

6) 부모교육에서 활용될 수 있는 교육방법

일반적인 부모교육의 방법을 참고로 제시하면 다음과 같다.

- 토의(Discussion)
- 역할놀이(Role Play)
- 강의
- 사례발표(Demonstration)
- 시범
- 동영상 시청
- 생각과 느낌 표현
- 기타(과제)

7) 첫 번째 모임과 마지막 모임에서의 유의사항

- 첫 모임의 부모교육에서 처음 만난 부모들이 서로 낯설어서 서먹서먹함을 느끼는 것은 당연하므로, 첫 번째 모임에서는 강사 및 부모들이 자신을 소개하는 시간을 가짐으로써 참가자들 간에 친밀감을 증진시킨다.

- 첫 모임의 부모교육 시간 중에 지켜야 할 집단 규칙에 대해서 설명한다. 집단의 규칙으로는
  √ 지각 및 결석을 하지 않으며,
  √ 집단 내에서 수업시간 중 대화내용은 일체 비밀을 보장해 주고,
  √ 주제에 부합되는 핵심만을 이야기함으로써 부모 모두가 발언할 수 있는 기회를 갖도록 하는 것이다.
- 마지막 모임에서는 부모교육을 통해 배우고, 느끼고, 변화한 사항 등을 이야기한 후 최종적으로 수료증을 수여한다.

8) 각 회기별 진행 절차

시작	소요시간	20-30분 정도
	내용	인사, 지난 회기 정리 및 과제발표, 이번 회기 내용소개
진행	소요시간	80-120분 정도
	내용	회기별 교육내용 실시
마무리	소요시간	20-30분 정도
	내용	이번 회기의 내용정리, 과제 부과

- 중간에 휴식시간을 갖는다(10-15분 정도).
- 매회 모임의 각 활동시간은 상황에 따라 융통성있게 조정할 수 있다.

4. 특수아 부모교육의 평가

- 특수아 부모교육에 대한 참가자들의 의견은 매회기 구두로 마무리 단계에서 의견을 묻고, 최종 모임(6회기)에서는 질문지를 통해서 알아본다.
- 특수아 부모교육의 평가에 대한 내용에는 다음과 같은 사항을 포함하도록 한다.
  √ 특수아 부모교육에 대한 참가부모의 이해 정도는 어떻습니까?
  √ 강사가 특수아 부모교육의 내용을 흥미롭게 진행했습니까?
  √ 특수아 부모교육을 통해서 새롭게 알게 된 점은 무엇입니까?
  √ 특수아 부모교육의 참가로 부모님의 변화된 점은 무엇입니까?
  √ 기타 참가 부모님의 의견은 어떤 것이 있습니까?

Chapter 05

1회기 : 부모의 스트레스 이해 및 대처방안

1. 이론적 배경

인간은 누구나 현대를 살아가면서 여러 가지 어려운 상황에 직면하게 될 수 있다. 흔히 스트레스를 경험하게 되는데, 나날이 새로운 변화를 급격히 맞이하는 정보화사회, 가치관의 혼란, 교육환경 변화 등 이러한 생활 속에서 한 가족을 부양해야 하는 부모는 자신의 건강을 유지하면서 운명공동체인 가족의 문제를 해결해 나가야 하는 어려움을 안고 있다. 이것은 스트레스를 극복하는 방법과 대응책이 생활 속에서 주요한 과제가 되고 있다는 의미이기도 하다(이영호·김혜숙. 2015).

따라서 일반아동의 부모보다 더 많은 스트레스를 가진 특수아를 키우는 부모의 입장에서는 매우 중요한 문제이므로, 스트레스의 원인이 어떠한 것인지와 스트레스에 대응하여 극복하는 방법을 알아보는 것은 매우 중요하며 필요한 일이 될 것이다.

1) 스트레스에 대한 이해

스트레스라는 용어의 개념을 정의하는 것은 어려운 일이지만 많은 사람들이 스트레스를 받고 있다는 것을 느끼고, 표현하며 그것을 극복하기 위해 노력하고 있다.

(1) 스트레스의 유형

스트레스는 다음과 같이 두 가지 측면에서 이해할 수 있다.

첫째, 외부의 자극으로 인해 몸과 마음에 가해지는 자극을 인식하는 것으로 과중한 일과 책임감으로 마음이 불안해지고 우울해지는 것이다.

둘째, 외부의 자극으로 인해 몸과 마음에서 일어나는 적응 반응으로 혈압이 상승하고, 몸이 아프고 심장병이 생기는 것 등이다.

그러나 모든 스트레스가 부정적인 면만 있는 것은 아니고, 스트레스를 적절히 받아들일 때는 긍정적인 것이 될 수도 있다.

① 정적 스트레스

정적 스트레스(eustress)는 인간이 도전을 추구할 때, 흥분하는 운동경기를 관람하거나 생활의 변화로부터 긍정적인 결과를 기대하는데, 이때 나타나는 스트레스는 긍정적으로 인지되며, 이를 순기능 스트레스 또는 긍정적 수준의 스트레스라고 일컫는다.

② 부적 스트레스

부적 스트레스(distress)는 인간이 참을 수 있는 한계 이상의 긴장상황을 말하며, 역기능 스트레스라고도 일컫는다.

인간은 모두 나름대로의 신체적·정서적·사회적 적응자원을 가지고 있으며, 그 적응자원을 능가하는 부정적 스트레스가 있을 때 어려움을 겪게 된다. 이 부정적 스트레스가 바로 특수아 부모교육에서 다루어야 할 문제의 근원이 되는 것이다.

2) 스트레스의 원인과 결과

모든 스트레스에는 원인과 결과가 있을 것이므로, 개인적 원인, 대인관계의 원인, 환경적 요인의 세 가지 측면에서 살펴볼 수 있다.

(1) 스트레스의 원인과 내용

유수현(1994)이 제시한 일반적인 스트레스의 원인과 내용은 다음과 같다(이영호·김혜숙. 2015 재인용).

스트레스 원인	내용	비고
개인적 원인	-*생물 생태학적 요인: 생체리듬, 영양, 소음, 환경공해 -성격적 요인: 자기지각, 행동양상, 불안	생리, 생체적 + 성격적 요소
대인관계적 원인	-심리사회적 요인: 적응, 좌절, 과중함, 결핍 -사회적 요인: 조직적, 사회적 요소들	심리사회적 + 사회적 요소
환경적 원인	-사랑의 상실, 직장변화, 은퇴, 경제적 조건변화 -질병과 장애, 삶의 양식변화, 가족구성원의 변화 등 생활환경의 급격한 변화	환경 요소

* 생물 생태학: 살아있는 생물에 있어서 그 주위 환경총체와 관련하여 연구하는 학문을 지칭함(출처: 네이버 지식백과).

3) 장애아 가족의 스트레스

(1) 가족 스트레스

가족이 경험하는 스트레스는 스트레스를 일으키는 요인을 가족체계에 변화를 일으키는 중요한 생활사건과 동일하게 보고 스트레스 요인에 의해 발생된 긴장에 대한 가족의 반응상태를 가족 스트레스라고 규정한다. 긴장의 원인과 가족의 위기 지각, 위기 극복자원의 세 요소가 상호작용으로 영향을 주며 이것이 위기상황이 될 수 있다.

장애가족에게 있어서 스트레스가 될 수 있는 원인들(장애의 정도 및 유형 등)의 특성, 스트레스를 극복가능한 적절한 자원의 소지여부, 장애발생에 대한 가족구성원들의 지각상황에 따른 가족 내 위기상황의 여부에 따라서 스트레스가 발생하기도 하고 그렇지 않을 수도 있다. 즉, 가족구성원들 중에서 장애가 발생했다고 해서 모든 가족이 위기를 경험하는 것은 아니다. 왜냐하면 위기에 대처하고 극복할 수 있는 자원이 충분하고, 스트레스 사건으로 인한 변화를 적절하게 인식하고 있는 가족은 그 사건을 심각한 위기로 경험하지 않을 수 있다는 것이다.

(2) 부모 스트레스

장애아의 부모는 아동의 양육, 치료, 교육, 재활 등 장기간 심리적 압박과 경제적 문제로 정신적으로나 사회경제적으로 큰 부담을 갖게 된다. 따라서 장애아의 가족은 부모 및 가족의 문제, 부모가 지각하는 자녀의 문제행동, 부모의 비관적 태도 및 사고, 아동의 장애 정도에 따라 스트레스를 경험하는 정도가 달라진다.

조용태(2006)와 조성은 외(2004)의 장애아 부모의 스트레스 상황이나 대상을 조사한 연구결과는 다음과 같다(이영호·김혜숙. 2015 재인용).

첫째, 어머니가 느끼는 스트레스는 자녀의 양육 및 교육 문제가 제일 높았고, 그 다음은 남편의 음주와 늦은 귀가, 시댁식구와의 불편한 관계, 시댁 이외의 사람과의 대인관계, 자존심이 상할 때, 친정식구와의 관계 순으로 나타났다.

둘째, 아버지가 느끼는 어려움은 직장에서 발생하는 여러 가지 문제가 제일 높았고, 자녀를 양육하는 문제, 경제적으로 가사를 유지하고 꾸려가는 문제, 가족 간의 갈등문제, 대인관계, 가족구성원의 질병에 대한 스트레스 순으로 나타났다.

4) 스트레스의 영향

(1) 스트레스의 영향

첫째, 스트레스는 질병의 근원이며 그 부작용으로 정신 및 신체장애와 건강상실이 초래될 수 있다. 즉, 신체적 증상으로 위궤양, 알레르기, 수족냉증, 질병 등이 생긴다.

둘째, 스트레스는 질병의 확산속도를 촉진시켜 신체적 기능이 저하된다.

셋째, 스트레스는 정신적 기능 상실과 저하가 초래되어 성취의욕이 상실되며 불안 및 정서적 혼란이 발생한다.

넷째, 스트레스는 심리정서적 증상으로 자존심 저하, 분노, 정신적 에너지 고갈이 나타난다.

마지막으로 스트레스는 사회적 증상으로 대인관계 위축 및 사회적 기능이 저하된다.

유수현(1994)이 제시한 과도한 스트레스로 인한 정서 및 지적 증상은 다음과 같다(이영호·김혜숙. 2015 재인용).

정서적 증상	인지적 증상
- 비교적 대수롭지 않은 상황에서 흥분하고 과잉반응 - 분노 폭발, 성급한 반응, 적대감, 질투 - 흥미 결핍, 위축감, 냉담, 아침에 쉽게 일어나기 힘듦 - 고함지르기 - 타인 책망, 의심 많은 태도 - 자기비난 - 타인과의 사적관계 감소 - 우울, 걱정 - 부정적 태도, 냉소적 태도 - 직업 불만	- 건망증, 집념 - 꽉 막힘 - 환상적 생활의 증가 - 복잡한 직무에 대해 집중력 저하 - 세부적인 일에 태만 - 현재보다는 과거지향적 - 창의력 저하 - 생각하고 반응하는데 느림 - 그냥 될대로 되라는 식의 태도 - 정신적으로 게으르고, 저항이 가장 적은 길을 택하는 경향

(2) 스트레스에 대한 반응 유형

스트레스에 대한 반응의 유형은 다음의 세 가지로 볼 수 있다.

첫째, 방어적 반응으로 스트레스 상황을 덮어두거나 회피하는 것을 말한다.

둘째, 부적응적 행동으로 약물이나 음주 등의 행동으로 스트레스를 잊으려고 하는데, 그 대응방안은 스트레스를 해소하기보다는 더 많이 만들어 내는 결과를 초래한다.

셋째, 성공적인 대처방안은 의도적으로 스트레스를 해소하는 행동이나 일련의 행위이다. 스트레스 상황을 정확하게 보고 대처하거나 이를 극복할 수 있다는 적극적 태도를 취함으로써 자신의 대처능력을 향상시키는 것이다.

(3) 스트레스 평가

스트레스 맵을 통해서 자신의 스트레스에 대해 점검할 수 있는데, 이 스트레스 맵을 3개월마다 측정하여 자신의 변화상태를 파악하여 평가한다. 이 측정도구는 총 21개 항목의 네 가지 영역으로 구성되어있다.

첫 번째 영역은 일상 생활 중에 겪고 있는 환경에 대한 압박과 만족도를 알아보는 것이다.

두 번째 영역은 스트레스에 대처하는 반응을 측정하는 것이다.

세 번째 영역은 스트레스를 다루는 점검 대상자의 태도, 즉 내적 사고와 감정을 측정하는 것이다.

마지막으로 네 번째 영역은 고통의 증상을 측정하는 것이다.

5) 스트레스의 예방 및 관리

(1) 스트레스 예방

첫째, 태도나 마음가짐을 변화시킨다.

- 신경질적이고 노여운 마음을 평안한 마음으로 전환한다.
- 사소한 말에 신경을 쓰고 언쟁을 벌이는 것을 자제하고 조금 느긋하게 받아들인다.
- 항상 피곤함을 느낄 때는 휴식을 취하고 신선한 공기를 마시거나 할

수 있는 새로운 일을 찾아보도록 노력한다.

둘째, 일반적인 방법은 다음과 같다.

- 시간을 계획적으로 관리하고 규칙적으로 운동한다.
- 문제가 더 커지기 전에 가족이나 주변 사람에게 도움을 구한다.
- 현실적인 사고를 통해 어려움을 직접 직면해서 해결한다.
- 문제가 심각할 경우에는 전문가에게 조언이나 도움을 구한다.

(2) 스트레스 관리

스트레스 관리는 스트레스에 대하여 적절하게 대처하며 처리하는 노력을 말한다.

성공적인 대처는 스트레스를 통제하거나 스트레스를 감소시키게 한다. 그러나 대처에 실패하게 되면 스트레스가 계속되거나 증가하는 결과를 가져온다.

스트레스 관리 기법은 다음과 같다.

첫째, 장애아를 둔 부모가 아동의 장애에 대한 생각이 항상 어디서든 떠나지 않고 중압감으로 남아 있다면, '명상기법'이나 '호흡기법' 등을 통해 반복되는 생각들을 중단시키고, 다른 생각들로 전환시키는 것은 문제의 증상이나 스트레스를 감소시키는데 가장 효과적인 기법이 될 수 있다.

둘째, 자녀의 장애 문제로 집안의 분위기가 어둡고 무거운 느낌이 드는 가정이 있다면, 이 가정에서는 가족들이 정말 자녀가 이 가정에 어느 정도 영향을 미치고 있는지를 서로 이야기해 보거나, 문제에 부딪쳐서 대처해 보는 방법을 모색해 보는 주장훈련도 도움이 된다.

셋째, 가족 간의 규칙적인 운동이나 여가활동 등에 참여하는 일도 도움이 된다.

6) 스트레스 대처 자원

주위에 많은 자원을 가지고 있을 경우 스트레스를 해소하는 것이 보다 더 효과적이 될 수 있다. 장애아가 있는 가족 내에서의 스트레스 해소를 위해 도움이 될 수 있는 대처자원과 복지관 등에서 직접 참여할 수 있는 프로그램들을 살펴보면 다음과 같다.

(1) 스트레스 대처자원

스트레스 요인별 대처자원을 살펴보면 다음과 같다.

스트레스 요인	대처자원
신체적 스트레스	- 규칙적인 운동, 건강유지, 스포츠나 야외활동 참여 - 수영, 달리기, 던지기를 할 수 있는 능력 - 시력증진 훈련 등
정서적 스트레스	- 사랑을 주고받을 수 있는 능력 - 폭넓은 정서적 경험, 정서적 표현 능력, 감정이입 능력 - 위험과 유머를 다룰 수 있는 능력, 조화와 인내할 수 있는 능력 등
사회적 스트레스	- 대인관계 능력(애정, 이해, 지지) - 만족을 주는 가족이나 친구와의 관계형성 능력 - 문제발생시 정서적, 재정적, 물리적 지원을 줄 사람과의 관계형성 능력 - 다른 사람을 사려깊고 예의바르며, 존중하는 마음으로 대하는 능력, 경청 능력, 타인에게 그들의 한계와 장점을 알게 하는 능력
지적 스트레스	- 지능, 교육 정도, 특정 훈련, 학문적 성취 - 좋은 직업적 능력 - 특수한 책임을 맡을 수 있는 능력 - 특별한 재능
영적 스트레스	- 종교활동, 신앙심 - 일상생활에서의 도덕적 및 종교적 가치의 표현 - 원리에 따르는 행동, 영적 가치의 추구, 겸손 - 개인의 존엄과 가치의 인식

스트레스 요인	대처자원
기타 스트레스	- 취미활동 등 위의 여러 가지 자원이 조화된 장점 - 음악, 스포츠, 예술을 감상하고 즐길 수 있는 능력 - 편안함을 만드는 능력 - 지도력을 발휘할 수 있는 능력 - 명령하고 수행할 수 있는 능력 - 위험을 처리할 수 있는 능력

(2) 나의 스트레스 대처방법

자신의 스트레스 맵에서 파악된 스트레스 정도와 스트레스 상황에서 어떻게 대처하는지를 다른 부모와 서로 이야기해 보면 훨씬 도움이 될 수 있다.

- 스트레스 맵을 활용하여 자신이 느끼는 스트레스 정도를 확인해 본다.
- 자신의 스트레스 대처방법: 자신이 스트레스를 느낄 때를 기록하고, 이럴 때 어떻게 대처했는지를 확인해 본다.

(3) 스트레스 해소를 위한 활용 프로그램

스트레스 해소를 위한 활용 프로그램은 다음과 같다(이영호·김혜숙. 2015).

구분	목표항목	재활프로그램	목표 및 내용
부모 위주의 접근	부모 스스로 집단활동 등을 통한 스트레스 해소하기	- 부모회 가입 및 활동 - 소속기관의 취미 및 집단활동 참여 - 전국 장애인부모회 참가	- 같은 장애아동 부모와 육아경험 나누기 - 부모 간의 친목 도모하기(야유회, 체육대회 등) - 사회의 편견 해소 및 권익옹호에 참여 - 부부강좌 및 공동관심사 나누기

구분	목표항목	재활프로그램	목표 및 내용
	가족활동을 통한 스트레스 해소	- 가족회의를 통한 아동의 이해 - 가족 각자의 취미생활 - 재활기관 방문 및 견학	- 양육사례 발표 등의 성공적인 사례를 듣고 용기를 얻음 - 장애의 올바른 수용과 이해(부모교육 참여) - 현실감 있는 아동의 장래계획 설정하기
아동 위주의 접근	아동의 치료와 교육을 통한 간접적인 스트레스 해소하기	- 아동의 조기특수교육 실시 - 물리치료 방법 학습 - 작업치료 방법 학습 - 언어치료 방법 학습	- 가정에서의 지도방법과 아이디어를 익힘 - 각 전문 영역에 대한 치료적인 교육이해 증진 - 반복, 지속적 교육과 치료
재활전문기관 위주의 접근	장애아동의 능력을 정확하게 파악하여 불안을 감소시키기	- 재활전문기관에 등록 - 종합상담 및 진단평가 - 추후상담 및 평가	- 아동에 대한 가정지도와 전문적인 지도를 위해 종합적인 진단을 받음 - 장·단기 재활계획 세우기 - 잠재 능력 파악하기
	전문기관의 프로그램에 참여해서 직접 해소하기	- 개별상담 - 집단상담 - 가족치료 - 가족캠프 참여하기 - 레크리에이션 - 특수치료, 스트레스 관리, 명상요법, 바이오피드백, 이완훈련에 참여	- 부모의 욕구와 사회심리적 문제를 협동해서 해결 - 전문가에게 상담과 지원을 받음 - 부모의 심성개발을 도모 - 가족 이외의 스트레스를 해소, 역기능적, 병리적 문제해결 - 스트레스 해소를 위한 직접적 치료기법 활용

특수아 가족에게서 가족구성원들이 경험하는 것은 유사할 수도 있지만, 각 가족마다의 스트레스에 대한 반응은 각각의 가족의 특성에 따라 다르다. 스트레스가 높다고 다 부적응하는 것은 아니다. 가족들이 많은 어려움을 경험하지만 대부분의 가족들은 잘 적응하고 있다는 것도 사실이다. 스트레스는 어쩌면 우리 생활의 일부분이고, 우리가 스트레스를 받고 주는 상황을 전체적으로 항상 통제할 수도 없는 일이다.

그러나 스트레스를 어떻게 잘 극복하고 대처하는가에 따라서 스트레스를 줄이거나 기능적으로 만들 수 있다. 특히 부모가 장애아동의 치료와 교육에 적극적으로 관심을 갖고 참여하기 위해서는 장애아동에 대한 인식 개선은 물론 스트레스에 대한 다양한 사회적 지지와 자신감을 갖는 것도 필요하다(이영호·김혜숙. 2015).

2. 부모용 자료

1회기 : 부모의 스트레스 이해 및 대처방안

1) 강사 및 부모 소개(준비물: 이름표, 필기도구 등) ◉ 강사와 부모

- 강사 소개: 자신의 이름과 부모교육 강사경력 등에 관해 말한다.
- 부모 소개: 각 부모들이 돌아가면서 가족원, 취미, 참여 동기와 기대 등을 발표하게 한다(각자가 원하는 별명짓기를 통해 자기소개를 할 수도 있다).

2) 특수아 부모역할훈련 프로그램의 목적 및 내용을 부모에게 소개한다.

▶강사

(1) **특수아 부모역할훈련 프로그램의 목적**

프로그램의 목적
본 프로그램의 목적은 특수아와 그 부모 간의 바람직한 관계형성을 위해 부모의 욕구 및 스트레스 해소, 자녀와의 원활한 의사소통, 부모의 바람직한 양육태도 및 발달단계에 따른 부모역할, 특수아 부모들과의 연대를 통한 협력 등에 관한 내용 및 방법을 부모들에게 습득시켜 특수아 가족 전체의 행복한 삶을 증진시키는 데 있다.

(2) **특수아 부모역할훈련 프로그램의 내용**

프로그램의 내용:
1회기: 부모의 스트레스 이해 및 대처방안
2회기: 부모의 양육태도 및 효율적인 부모역할
3회기: 의사소통기술 1(경청기술, 나-전달법)
4회기: 의사소통기술 2(민주적 문제해결방법)
5회기: 자녀의 발달단계에 따른 부모의 역할
6회기: 부모들 간의 상호지원/수료식

3) 특수아 부모역할훈련 참여 시 지켜야 할 집단의 규칙을 설명한다.

▶강사

- 교육시간을 준수한다.
- 개인의 사적 정보를 보호한다(교육시간에 각 부모가 발표한 내용은 비밀로 한다).
- 혼자 장시간 동안 발표시간을 독점하지 않는다.
- 부모가 원하지 않을 때는 발표하지 않아도 된다.
- 다른 부모의 이야기를 경청한다.

4) 1회기 모임의 주제 및 내용에 대하여 소개한다(PPT나 포스터를 활용).

▶강사

예: 첫 번째 회기의 주제는 '부모의 스트레스 이해 및 대처방안'입니다. 이제부터 부모의 스트레스를 점검하고 그와 관련된 대처방안을 알아보기로 하겠습니다.

5) 다음에 제시된 스트레스 맵(이영호·김혜숙, 2015) '척도1,2,3,4'의 설문내용에 답한 후, 해석란에 기록하시오. ♥부모

(1) 척도1: 개인적 변화-환경에 대한 압박과 만족도

지난 일을 생각해 볼 때 아래의 스트레스 요인이 되는 변화들이 귀하에게 얼마나 있었는지 해당란에 √표를 하시오.

설문 내용	3점 아주 많았다	2점 보통 수준	1점 약간 있었다	0점 전혀 없었다
1. 거주지의 변화				
2. 가까운 가족이나 친구의 죽음				
3. 친구나 가족이 위기에 처함(실직, 마약남용)				
4. 가족구성원의 이별 또는 이혼				
5. 새롭게 친밀한 관계 형성				
6. 자신의 이별이나 이혼				
7. 주택의 수리나 개조				
8. 일주일 이상의 자신을 앓아 눕게 한 질병이나 상해				
9. 가족활동의 변화				
10. 새로운 가족구성원이 생김(출생, 입양)				

설문 내용	3점 아주 많았다	2점 보통 수준	1점 약간 있었다	0점 전혀 없었다
11. 가족의 심각한 질병 또는 장애				
12. 재정적 손실이나 수입의 감소				
13. 중요한 개인의 성취				
14. 과다한 지출이나 새로운 부채				
15. 가족이나 친구로부터의 소외				
16. 법체계에 관련되는 일				
17. 재산의 상실, 도둑, 상해, 사고를 당함				
18. 범죄의 희생				

■ 귀하의 환경에 대한 압박과 만족도 증상의 총점이 어디에 속하는지 해당란에 √표를 하시오.

0-4 ( )	5-10 ( )	11-18 ( )	19 이상 ( )

■ 해석: 0-4점 최적상태, 5-10점 균형상태, 11-18점 긴장상태, 19점 이상 소진상태

출처: 이영호·김혜숙. 2015.

(2) 척도2: 도움을 구하기-스트레스에 대처하는 반응

아래의 설명들이 자신의 행동이나 의지를 얼마나 나타내고 있는지 해당란에 √표 하시오.

설문내용	3점 거의 항상 그렇다	2점 자주 그렇다	1점 가끔씩 그렇다	0점 전혀 그렇지 않다
1. 나는 함께 일할 수 있는 사람을 찾는다.				
2. 나는 다른 사람으로부터 내가 필요한 정보를 구한다.				
3. 나는 어려운 상황을 처리해 줄 수 있는 사람을 찾으려고 노력한다.				
4. 나는 내가 신뢰하는 사람과 어려운 상황을 의논한다.				
5. 나는 다른 사람들의 충고와 지지를 구한다.				
6. 나는 의사나 상담 전문가에게 문제점들에 관해 기꺼이 이야기를 한다.				
7. 나는 업무상(가정)에서 발생하는 불편한 감정들을 남들에게 알게 한다.				
8. 나는 일이 너무 많거나 내가 너무 바쁠 때 이 사실을 남들이 알게 한다.				

■ 귀하의 스트레스에 대처하는 반응 증상의 총점이 어디에 속하는지 해당란에 √표를 하시오.

0-11 ( )	12-16 ( )	17-19 ( )	20점 이상 ( )

■ 해석: 0-11점 소진상태, 12-16점 긴장상태, 17-19점 균형상태, 20점 이상 최적상태

출처: 이영호·김혜숙. 2015.

(3) 척도3: 표현-내적 세계/사고와 감정

아래의 설명들이 자신에 대한 생각이나 감정을 얼마나 잘 나타내고 있는지 해당란에 √표를 하시오.

내용	3점 매우 그렇다	2점 대체로 그렇다	1점 약간 그렇다	0점 전혀 그렇지 않다
1. 나는 감정을 속으로 간직한다.				
2. 나는 내가 긴장되어 있을 때 남들이 알게 한다.				
3. 나는 다른 사람들과 의견이 다를 때 그들이 알지 못하게 한다.				
4. 나는 내가 당황할 때는 다른 사람들을 피하여 혼자 있는다.				
5. 나는 분노와 욕구 불만을 간직하고 있다.				
6. 내 감정을 털어놓으면 기분이 훨씬 좋다.				
7. 내 감정을 통제하지 못할까봐 두렵다.				
8. 내가 다른 사람들에게 화가 났거나 실망했을 때는 그들이 알게 한다.				

'2번, 6번, 8번은 역으로 채점한다(3점→0점, 2점→1점, 1점→2점, 3점→0점).'

■ 귀하의 표현 증상의 총점이 어디에 속하는지 해당란에 √표를 하시오.

0-6 (　　)	7-11 (　　)	12-14 (　　)	15점 이상 (　　)

■ 해석: 0-6점 최적상태, 7-11점 균형상태, 12-14점 긴장상태, 15점 이상 소진상태

(4) 척도4: 정서적 증상-고통의 증상척도

아래의 증상들이 얼마나 자주 일어났는지 해당란에 √표를 하시오.

내용	3점 거의 매일 있었다	2점 매주 있었다	1점 한 달에 한두 번 있었다	0점 전혀 없었다
1. 신경과민 또는 불안				
2. 떨림 또는 전율				
3. 근육 경련 또는 틱				
4. 감정고조				
5. 어떤 생각을 지울 수 없음				
6. 걱정				
7. 가만히 있지 못하고 안절부절 못함				
8. 성급하여 분노의 감정 폭발				
9. 피곤				
10. 정력/기력이 떨어짐				
11. 냉담: 중요해 보이는 것이 없음				
12. 정서적 고갈상태				
13. 성적 흥미나 쾌감 상실				
14. 우울증				
15. 두려움				
16. 절망				
17. 고함을 잘 지르거나 울기를 잘함				
18. 불면증				
19. 일어나기 힘듦				
20. 9시간 이상 잠을 잠				
21. 집중하기 어려움				

내용	3점 거의 매일 있었다	2점 매주 있었다	1점 한 달에 한두 번 있었다	0점 전혀 없었다
22. 정신이 멍함/텅빔				
23. 중요한 일을 잊어버림				

■ 귀하의 정서적(고통) 증상의 총점이 어디에 속하는지 해당란에 √표를 하시오.

0-7 ( )	8-17( )	18-29( )	30점 이상 ( )

■ 해석: 0-7점 최적상태, 8-17점 균형상태, 18-29점 긴장상태, 30점 이상 소진상태

6) 스트레스 맵 척도1-4의 결과를 참고로 아래의 스트레스 맵 평정표를 작성한 후, 자신의 스트레스에 대하여 살펴본 후 자신의 스트레스 및 대처 방안에 대하여 생각하고 발표한다. ♥부모

스트레스 맵 평정표

성명: 검사일: 년 월 일

영역	환경압박과 만족도	대처반응	내적 세계/사고와 감정	고통 증상
내용	개인적 변화	도움을 구하기	표현	정서적 증상
척도	1	2	3	4
점수				
해석: 최적/균형 긴장/소진				

* 출처: 이영호·김혜숙. 2015.

7) 부모가 생각하는 사람들의 욕구를 3가지 기록하시오. ♥부모

8) 인간의 욕구(글라써) 5가지를 설명한다. 강사

인간은 누구나 자신이 스스로의 삶의 주인이 될 수 있고 자신이 삶의 주인이 될 때에만 행복을 느낄 수 있다. 이것은 우리의 모든 행동이 외부작용이 아닌 내부작용에 의해서 행해지고 있다는 기본과정에 그 근거를 두고 있다. 우리가 어떻게 느끼고 생각하고 행동하는가 하는 것은 타인이나 외부 상황에 의해서 좌우되는 것이 아니라 우리 스스로가 선택하는 것이다.

인간은 누구나 다 자신 스스로를 행동하게 하는 강렬한 힘이 있는데 이것은 구뇌와 신뇌가 작용하면서 나타나게 되는 기본적 욕구에서 유래된다. 글라써(Glasser)는 인간의 욕구를 다음의 5가지로 분류한다(이영호 김혜숙. 2015).

(1) 생존 및 생식의 욕구(Survival Need)

이 욕구는 필수적으로 신체구조를 움직이고 건강하게 유지하도록 하며 호흡, 소화, 땀흘리는 것, 혈압, 조절 등을 맡고 있다. 이 욕구는 뇌의 가장 오래된 부분인 척수 바로 위에 있는 구뇌라고 불리는 곳에 있다.

구뇌는 혼자서는 작용하지 못하고 뇌의 다른 부분인 거대하고 복잡한 대뇌피질 혹은 신뇌라고 불리는 부분으로부터 도움을 받는다. 즉, 구뇌가 생리적으로 부족을 느끼면 신뇌로 하여금 욕구불만을 느끼게 하고, 이 신호를 받으면 욕구를 충족시킬 방법을 찾는 것이 신뇌인 것이다. 구뇌가 적절하게 기능을 발휘하는 한 인간의 생존욕구는 충족된다.

(2) 소속의 욕구(Belonging Need)

이것은 사랑하고 사랑받고 싶은 욕구, 소속되고 싶은 욕구, 원하는 사람들에게 받아들여지고 싶은 욕구이다. 생존의 욕구이론으로 설명되기 어려운 자살의 원인도 소속의 욕구가 완전히 파괴된 사람의 소외와 고독으로 설명할 수 있다.

인간은 사회적 동물이고 우리는 다른 사람들과의 관계를 맺지 않고서는 살아갈 수가 없다. 인간은 주위의 사람들과 다양한 인간관계를 형성하면서 삶을 살아나가게 된다. 죽는 순간까지도 어떤 사람들과 가까운 관계를 맺음으로써 인간의 욕구를 충족시키게 된다. 이 욕구가 충족되지 않으면 고통을 경험하게 되고 우울, 불안 같은 심리적 증상뿐만 아니라 정신적 증상까지도 나타나게 된다.

(3) 성취 혹은 힘에 대한 욕구(Power Need)

인간은 성취나 영향력 행사 등의 욕구를 지니고 있다. 이 욕구는 인간이 자신과 남에게 가치있고 소용이 있는 사람이라고 느끼고 싶은 욕구이다. 보람되고 가치있는 일을 계획하고 실천에 옮긴다든가, 부모교육을 받는 것, 수영이나 컴퓨터를 배우는 것, 남이 하지 못하는 요리를 할 수 있는 것 등이다.

(4) 자유에 대한 욕구(Freedom Need)

인간은 누구나 강요당하고 구속받는 것을 근본적으로 싫어한다. 누구나 자유롭게 이동하는 것과 선택할 수 있는 자유를 원한다. 2020년 현재 코로나바이러스 19로 인해 자유롭게 이동하는 것에 제약을 받아 많은 사람들이 고통받고 있다.

인간이 원하는 것은 자신의 의사를 자유롭게 표현하며 자신이 선택한 사람과 교제하는 것이다. 또한 자신이 믿고 싶은 종교를 선택하거나 종교를 믿지 않는 것을 선택하기도 한다. 자신이 어떤 직업을 가질 것인지와 어떻게 생활할 것인지, 어떻게 삶을 영위해 나갈 것인지에 대한 선택의 욕구를 지니고 있다.

이렇게 자유에 대한 충동은 매우 기본적이고 중요하며 사람들은 이것을 위해 죽음을 불사하기도 한다.

(5) 즐거움에 대한 욕구(Fun Need)

인간의 욕구인 성취, 자유, 소속의 욕구에 못지않게 중요한 것은 즐거움에 대한 욕구이다. 즐거움에 대한 욕구는 성인기에도 지속되며 이 욕구는 인간의 모든 활동을 통해서 저절로 표현되는 속성이다.

즐거움을 함께 하는 것은 애정과 사랑을 표현하며 이것을 통하여 상대방의 존재를 확인하기도 한다. 인간이면 누구나 함께 즐거워할 수 있는 권리와 여유를 가지고 살 자격이 있다. 즐거움을 추구하는데 흥미를 잃는 것은 정신적 퇴보의 신호일 수 있다.

9) 과제: 지난 일주일간 자신이 좋아하는 사람이 어떤 욕구를 가지고 있고 원하는지를 이해하고, 자신이 그 사람들에게 충족시켜 준 욕구가 어떤 것이었는지를 기록해 보시오. ♥부모

-사례; ① **상대방의 욕구확인**; 남편-소속의 욕구(아내에게 인정받고 싶은 욕구), 아들-즐거움에 대한 욕구(만화영화를 보고 싶어하는 것), 딸-자유에 대한 욕구(자신이 뭘 해보고 싶어 자꾸 자신이 해본다고 하는 것)

② **자신이 충족시켜 준 욕구**; 남편-저녁시간 퇴근했을 때 반갑게 맞이해준 것, 아들-좋아하는 만화영화를 녹화해서 다시 보게 해준 것, 딸-조립장난감을 사주고 혼자 해보고 어려운 것만 요청하라고 한 것

10) 강사는 오늘 다루었던 내용에 대하여 종합적으로 정리한 후, 부모가 오늘 다루었던 내용들 중 질문사항이나 소감에 대하여 발표하게 한다.
◉ 강사와 부모

11) 과제를 전달한다. ▶ 강사

오늘 학습한 내용 중 스트레스 해소를 위한 바람직한 방법을 가정에서 한 가지 적용한 후 기록하여 다음 회기에 가져온다.

12) 가족활동

주말에 가족들이 좋아하는 특별음식(평소에 자주 먹지 않지만 가족들이 좋아하는 음식)을 준비하여 함께 먹으면서 즐거운 시간을 갖는다.

Chapter 06

2회기 :
부모의 양육태도 및 효율적인 부모역할

1. 이론적 배경

(1) 딩크메이어(Dinkmeyer)와 맥케이(Mckay)의 부모유형

딩크메이어(Dinkmeyer)와 맥케이(Mckay)가 제시한 부모의 유형은 완벽한 부모와 책임있는 부모의 2가지로 다음과 같다(이경우 역. 1992).

표 6-1 완벽한 부모의 특징

부모의 신념	부모의 행동	자녀에게 일어나는 결과
• 부모는 자녀를 통제해야 한다.	• 복종을 요구한다. • 벌을 준다. • 이기려고 한다. • 부모가 옳고 자녀는 틀리다고 주장한다.	• 반항한다. • 이기거나 옳아야 한다. • 진정한 감정을 속인다. • 분노를 느낀다. • 앙갚음을 찾는다. • 인생이 불공평하다고 느낀다. • 포기하고 회피한다. • 거짓말 · 도둑질을 한다. • 자율성이 결여된다.
• 부모는 우월하다.	• 자녀를 동정한다. • 책임을 진다. • 과잉보호를 한다. • 독선적이다. • 자녀에게 창피를 준다.	• 자신을 연민하고 다른 사람을 비난하는 것을 배운다. • 인생이 불공평하다고 느낀다. • 무능력함을 느낀다. • 다른 사람이 베풀어주길 원한다. • 우월할 필요가 있다고 느낀다.
• 부모는 받을 자격이 있다. • 자녀는 부모에게 빚졌다.	• 공평에 지나치게 민감하다. • 조건을 붙인다.	• 다른 사람을 믿지 않는다. • 인생은 불공평하다고 느낀다. • 이용당한다고 느낀다. • 다른 사람을 이용하려 한다.
• 부모는 완전해야 한다.	• 모든 것에 완전을 요구하고 결점을 찾는다. • 다른 사람의 생각에 지나친 관심을 갖는다.	• 자신이 결코 훌륭하지 않다고 믿는다. • 완벽주의자가 된다. • 좌절감을 느낀다.

부모의 신념	부모의 행동	자녀에게 일어나는 결과
• 자녀가 나보다 더 중요하다.	• 지나치게 자녀에게 몰두한다. • 자녀의 요구를 들어주고 양보한다. • 안된다고 하는 것에 죄의식을 느낀다.	• 받기를 기대한다. • 사회적 관계를 잘 형성하지 못한다. • 다른 사람의 권리를 존중하지 않는다. • 이기적이다.

표 6-2 책임있는 부모의 특징

부모의 신념	부모의 행동	자녀에게 일어나는 결과
• 자녀 스스로 결정할 수 있다고 믿는다.	• 선택하게 한다. • 격려한다.	• 자신감을 느낀다. • 무엇이든 하려고 한다. • 문제를 해결한다. • 유능하다.
• 다른 사람과 동등한 인격이다.	• 자녀를 믿고 존중한다. • 독립성을 격려한다. • 선택과 책임감을 갖게 한다. • 자녀가 공헌하기를 기대한다.	• 자립심과 책임감을 발달시킨다. • 결정하는 것을 배운다. • 자신과 타인을 존중한다. • 평등을 믿는다.
• 상호존중을 믿는다.	• 평등성을 증진한다. • 상호존중을 격려한다. • 자녀가 죄의식을 갖지 않게 한다.	• 자신과 타인을 존중한다. • 사회적인 감정이 증가한다. • 다른 사람을 신뢰한다.
• 부모도 인간이므로 불완전한 것이 당연하다.	• 현실적인 기준을 정한다. • 힘을 강조한다. • 격려한다. • 자신의 이미지에 관심이 없다. • 인내심이 있다.	• 자기 평가보다 닥친 일에 집중한다. • 시도하다가 실수하면 다시 도전한다. • 새로운 경험을 하려는 용기를 지니고 있다. • 다른 사람에 대해서도 인내한다.

부모의 신념	부모의 행동	자녀에게 일어나는 결과
• 자신을 포함한 모든 사람이 중요하다고 믿는다.	• 상호존중과 공헌하도록 격려한다. • 시중들지 않는다. • 안된다고 할 때를 안다.	• 훌륭한 사회적 관계를 가진다. • 다른 사람의 권리를 존중한다.

(2) 마이클 팝킨(Michael Popkin)의 부모유형

- 군주형(autocratic style) - 독재자 : 군주적 부모는 독재자처럼 자녀들에게 무엇을, 어떻게, 언제 해야 할지를 명령한다. 자녀들은 의문을 제기하거나 도전하거나 의견에 반대할 여지가 없다. 일을 잘하면 부모에게서 보상을 받고 일을 못하면 처벌을 받을 따름이다. 이러한 독재적 양육방법은 오늘날과 같은 평등의 시대에는 적절하지 못하다.
- 허용형(permissive style) - 심부름꾼 : 허용적 부모란 거칠고 완고한 독재적 방식에 강력하게 반대하는 사람들이다. 허용형의 부모는 자녀들이 마음대로 지나치게 많은 시간동안 하고 싶은 일을 하도록 허용한다. 이러한 가정에서는 질서와 규율이란 것이 없고 무제한의 자유가 보장된다. 허용적 부모들은 자녀의 심부름꾼처럼 행동하면서 자녀들이 부모를 유린하도록 방임한다.
- 민주형(democratic style) - 적극적 부모 : 어떤 점에서 민주형은 군주형과 허용형의 중간쯤되는 형이라고 말할 수 있으나, 그 이상의 의미를 함축하고 있다. 적극적인 부모의 가정에서는 '자유'가 이상적으로 추구되며, 타인의 권리와 개개인의 책임도 똑같이 추구해야 할 이상으로서 부모는 협동심을 길러주고 학습을 자극하는 지도자이다. 민주적 가정에는 질서가 있고 세심한 관심도 있다. 개개인이 다 중요한 구성원으로서 인정을 받는다.

인간에게 있어서 단순하면서도 가장 강력한 힘은 선택하는 힘이다. 따지고 보면 국가 간의 전쟁이 불가피한 것도 그들의 삶을 선택할 권리를 보장받기 위한 것이다. 그만큼 선택권이란 큰 영향력을 지닌 것이다. 적극적 부모역할훈련에서 주장하는 적극적인 부모는 '한계 안에서의 자유'를 자녀에게 허용한다. 여기에서 자유란 아동이 선택을 하는 자유인 것이다.

선택은 힘이다. 자녀들에게 선택의 자유를 제공하는 것은 그들의 힘을 크게 북돋워주는 것이다.

어떤 사건을 접했을 때 자녀는 실패를 경험하게 되면 자신을 무능하다고 생각하게 되고, 낙심하며 소극적이거나 자포자기적인 행동을 하기 쉽다. 이처럼 어떤 사건에 관련되어 청소년이 생각하는 것은 감정과 행동에 영향을 미친다. 이러한 것이 계속되다 보면 아동에게 실패회로가 수립된다. 만약 십대들이 낙심하는 정도가 심해지면 학교를 포기할 수도 있다.

한편, 자녀가 성공적인 경험을 하는 어떤 사건이 발생하게 되면 자신을 유능하다고 생각하게 되고, 자신감을 느끼며, 적극적이고 긍정적인 행동을 하게 된다. 이러한 유형을 반복하다 보면 청소년에게는 성공회로가 수립된다.

그러므로 부모는 자녀의 기를 꺾어주는 사람, 곧 어떤 사건의 유발자가 되지 않도록 유념하며, 낙심하고 있는 자녀를 실패회로에서 빠져나오도록 돕고 용기있는 자녀들에게는 계속해서 성공회로 안에서 더욱 잘 생활할 수 있도록 도움을 주어야 한다.

이러한 성공회로 안에 머물게 하려면 자녀들이 자아존중감을 높이고 용기를 얻을 수 있도록 기를 살려주는 대화로 격려를 아끼지 않아야 한다(표 <6-3>).

표 6-3 기 꺾기-기 살리기

기 꺾기	기 살리기
1. 부정적인 기대감을 갖기	1. 자신감을 심어주기
2. 실수를 지적하기	2. 힘을 북돋우기
3. 완벽주의	3. 아동의 가치를 인정하기
4. 과잉보호	4. 독립심을 자극하기

출처: 홍경자 역. 1995.

(3) 존 가트맨(John Gottman)의 부모유형

대부분의 부모들과 양육자들은 주로 선호하는 양육 경향이 있다. 존 가트맨 박사가 여러 부모(30년간 약 3,000쌍의 부부)를 조사해 본 결과, 부모들의 자녀교육에는 네 가지 유형이 있다고 한다. 네 가지 양육유형에 따라 자녀와 의사소통하는 방법과 내용은 다음에서 보는 것처럼 아주 다르다(존 가트맨 외. 2011).

① 축소전환형 부모: 별것 아니야

축소전환형 부모의 특징

- 아이의 감정을 대수롭지 않게 여기거나 무시한다. 때론 비웃거나 경시한다.
- 감정은 좋은 감정과 나쁜 감정이 있고, 나쁜 감정은 살아가는 데 아무런 도움이 되지 않는다고 생각한다.
- 아이가 부정적 감정을 보이면 불편해서 아이의 관심을 빨리 다른 곳으로 돌린다.
- 아이의 감정은 비합리적이어서 중요하지 않다고 생각한다.
- 아이의 감정은 그냥 놔둬도 시간이 지나면 저절로 사라진다고 생각한다.
- 감정적으로 통제가 불가능한 것을 두려워한다.

② 억압형 부모: 그럼 못 써

억압형 부모의 특징

- 아이의 감정을 무시하고 심지어는 잘못된 것이라고 비판한다.
- 아이의 감정보다는 행동을 보고 야단을 치거나 매를 든다.
- 부정적 감정은 나쁜 성격, 나약한 성격에서 나온다고 생각한다.
- 아이는 요구 사항이 있을 때 부정적 감정을 이용한다고 생각한다.
- 부정적 감정은 억제해야 한다고 믿는다.
- 아이의 부정적 감정은 매를 들어서라도 없애주고, 올바른 행동을 가르쳐야 한다고 생각한다.

③ 방임형 부모: 뭐든 괜찮아

방임형 부모의 특징

- 아이의 모든 감정을 다 받아준다.
- 좋은 감정, 나쁜 감정을 구분하지 않는다.
- 감정은 물론 행동에 대해서 제한을 두지 않는다.
- 감정을 분출하면 모든 것이 해결된다고 믿는다.
- 아이의 부정적 감정을 공감하고 위로하는 것 외에 아이에게 해줄 것이 없다고 생각한다.
- 아이가 감정을 처리하고 문제를 해결하는 데는 관심을 두지 않는다.

④ 감정코치형 부모: 함께 찾아보자

감정코치형 부모의 특징

- 아이의 감정은 다 받아주되 행동에는 제한을 둔다.
- 감정에는 좋고 나쁜 것이 있다고 나누지 않고, 삶의 자연스러운 일부로 다 받아들인다.
- 아이가 감정을 표현할 때 인내심을 갖고 기다려 준다.
- 아이의 감정을 존중한다.
- 아이의 작은 감정 변화도 놓치지 않는다.
- 아이와의 정서적 교감을 중요하게 여긴다.
- 아이의 독립성을 존중하며 스스로 해결방법을 찾도록 한다.

2. 부모용 자료

2회기 : 부모의 양육태도 및 효율적인 부모역할

1) 체험나누기 ♥부모

-지난 주 과제에 대해 부모들이 돌아가면서 발표한다.

2) 2회기 모임의 주제 및 내용에 대하여 소개한다. ▶강사

3) 부모의 양육태도 유형(민주형, 허용형, 독재형)이 자녀발달에 미치는 영향에 대하여 설명한다. ▶강사

표 6-4 부모의 권위있는(민주적) 양육행동 유형과 자녀의 발달 특성

부모의 권위있는(민주적) 양육행동 유형	자녀의 발달특성
• 규칙 준수를 단호하게 요구함 • 자녀의 떼쓰는 행동을 수용하지 않음 • 순종적이지 않은 자녀에 대해 단호하게 대처함 • 자녀의 옳지 않은 행동에 대해 불쾌한 감정을 분명히 표현함 • 자녀의 바람직한 행동에 대해 기쁨을 보임 • 규율에 대한 의사소통을 분명히 함 • 자녀의 희망과 의견을 고려함 • 자녀의 요구에 대해 애정적으로 반응함 • 자녀의 연령에 적합한 성숙되고 독립적인 행동을 기대함 • 자녀와 상호작용할 수 있는 공동활동을 계획함	• 열성적이며 다정다감함 • 자기 힘으로 문제를 해결하고자 함 • 자기통제적임 • 또래와 친근한 관계를 유지함 • 즐겁고 유쾌함 • 스트레스에 잘 대응함 • 새로운 상황에 관심과 호기심을 보임 • 어른들에게 협조적이며 온순함 • 목적이 분명하며 성취지향적임

출처: 이순형 외. 2012. 부모교육.

표 6-5 부모의 독재적 양육행동과 자녀의 발달특성

부모의 양육행동 유형	자녀의 발달특성
• 규칙을 엄격히 강요함 • 옳지 않은 행동에 대해 처벌함 • 분노와 불쾌감을 보임 • 규율이 분명히 설명되지 않음 • 자녀를 통제되지 않은 반사회적 충동에 의해 지배되는 존재로 봄 • 자녀의 욕구와 의견을 고려하지 않음 • 반대와 강압에 직면했을 때 규칙을 일방적으로 강요함 • 가혹하고 처벌적인 훈육을 행사함 • 온정적이지 않음 • 자녀와 상호작용할 수 있는 공동 활동을 계획하지 않음	• 갈등을 많이 일으키고 화를 잘 냄 • 두려움이 많음 • 기분 변화가 심하고 불행하다고 느낌 • 수동적, 적대적이며 스트레스를 받기 쉬움 • 공격적 행동과 수줍어하는 행동을 번갈아 함 • 목적이 없음

출처: 이순형 외. 2012. 부모교육.

표 6-6 부모의 허용적 양육행동과 자녀의 발달특성

부모의 양육행동 유형	자녀의 발달특성
• 규칙이 강요되지 않음 • 규칙이 분명히 의사소통되지 않음 • 자녀의 울음, 떼씀, 강압에 순응함 • 일관되지 않은 훈육태도 보임 • 성숙된 행동에 대한 요구나 기대가 거의 없음 • 잘못된 행동을 간과하거나 허용함 • 그저 그런 정도의 온유함을 보임 • 절제되지 않은 충동과 욕구 표현을 수용함	• 충동적·공격적임 • 어른에게 반항적이고 불순종함 • 낮은 자기 의존도 • 낮은 성취지향 • 자기 통제 결여 • 쉽게 화냈다가 금방 좋아지는 등 기분 변화의 폭이 큼 • 목적이 없거나 목표 수준을 낮게 잡고 행동함 • 지배적임

출처: 이순형 외. 2012. 부모교육.

4) 부모는 자신 혹은 배우자가 어떤 양육태도를 가지고 있는지 스스로 평가해본다. ♥부모

5) 부모의 양육태도가 자녀에게 미치는 영향에 대하여 부모들이 자신의 경험을 회상한 후 발표한다. ♥부모

6) 부모들이 2명이 한팀으로 짝을 지어서 부모와 자녀의 역할을 바꿔서 역할놀이를 해본 후, 그때의 부모 혹은 자녀로서의 생각과 느낌을 교환한다. ◉ 강사와 부모

7) 강사는 오늘 다루었던 내용에 대하여 종합적으로 정리한 후, 부모가 오늘 다루었던 내용들 중 질문사항이나 소감에 대하여 발표하게 한다. ◉ 강사와 부모

8) 과제를 전달한다. ⚑ 강사

-오늘 학습한 내용 중 민주적인 양육태도의 바람직한 방법을 가정에서 한 가지 적용한 후 기록하여 다음 회기에 가져온다.

9) 가족활동

주말에 가족이 함께 도자기, 꽃꽂이, 그림그리기, 핸드페인팅 등 자녀가 좋아하는 체험활동을 한 가지 실천한다. 완성품이나 제작과정을 사진으로 찍어서 추억으로 간직한다.

Chapter
07

3회기 :
부모-자녀 간의 바람직한 의사소통방법

1. 이론적 배경

1) 사랑과 격려

(1) 아이에게 사랑을 표현하는 방법

아이들은 자신이 사랑받고 있음을 확인해야만 자신이 사랑받을 가치가 있다고 믿게 된다. 사랑받는다는 느낌은 자녀의 자아존중감을 키워주는데, 자녀를 사랑하고 있음을 보여주는 방법은 자녀를 존중하고 격려하는 것이다. '나는 너를 사랑해'는 다음과 같이 여러 방식으로 표현할 수 있다.

- 그냥 말한다: 자녀에게 다음과 같이 말해 준다.
  - "잘 잤니, 미해야? 사랑한다."
  - "현영아, 폭신폭신 몰랑몰랑 우리 몽실이, 널 안으면 너무 좋아."
- 자녀와 함께 시간을 보낸다: 하던 일과 다른 모든 활동을 그만 두고 자녀에게만 모든 주의를 집중한다. 둘이 모두 좋아하는 활동을 하는 것이 좋다. 이때 자녀는 '난 중요한 사람이야'라는 메시지를 받게 되고 부모와 자녀는 함께있는 것을 즐기게 될 것이다.
- 존중하는 태도로 자녀의 행동을 지도한다: 자녀가 실수나 잘못된 행동을 하더라도 자녀를 존중하는 태도를 유지해야 한다. 만일 자녀에게 소리치며 야단치거나 놀림감을 삼는다면, 그동안 해온 사랑을 표현하는 노력들이 일순간에 물거품이 될 수도 있다.
- 접촉을 통해 사랑을 표현한다: 유아기 자녀에게는 신체접촉이 어떤 말보다도 더 강력하다. 우리는 아기를 목욕시키고 옷을 입히거나 수유하는 과정에서 많은 신체접촉을 한다. 부모가 아기를 껴안고 쓰다듬어 줄 때 아기는 자신이 사랑받고 있음을 확인한다.

  부모는 매일 사랑을 표현할 수 있는 기회가 많다. 자녀가 스스로 옷

입는 것을 도와줄 때, 밤에 잠자리에 재울 때 부드럽게 토닥거려주는 접촉을 하면서 "너를 사랑해"라고 말해줄 수 있다.

(2) 아이를 격려하는 방법

격려는 아이가 자아존중감을 갖고 성장할 수 있도록 돕는 기술이다. 또한 격려는 자녀에게 소속감과 더불어 다음과 같은 감정을 느끼게 해 주는 방법이다.

- 다른 사람에게 받아들여지고 있다.
- 강하고 유능하다.
- 사랑받고 있다.

격려받은 아이는 성장·발전하고 새로운 것을 배우며 시도할 용기를 갖게 된다. 또한 스스로에 대한 신뢰를 배우도록 하며 스스로 자신의 장점과 특별한 점을 발견하도록 가르친다.

자녀에게 다음과 같은 태도를 보여주는 기술을 배우고 연습하면 도움이 될 것이다.

① 자녀를 사랑하고 있는 그대로 받아들인다.

자녀는 서로 다른 속도로 성장한다. 성장·발달, 성격, 관심사 그리고 장점과 약점이 제각각이다.

모든 아이들이 저마다 독특한 존재이듯이, 자녀를 있는 그대로 감사하고 받아들이는 것이 중요하다.

② 자녀를 신뢰한다.

자녀에게 말과 행동으로 신뢰를 보여준다.

- "어서 해보렴. 너는 네 스스로 공을 잡을 수 있어."
- "너는 네 신발 끈 매는 법을 배우고 있구나."

③ **자녀의 노력과 개선된 점을 인정해 준다.**

- "이것 좀 봐! 네가 숟가락을 입까지 가져갔구나."
- "네가 저녁 식사하기 전에 잊지 않고 손을 씻었구나."

④ **자녀에게 감사의 표현을 한다.**

- "친구와 사이좋게 장난감을 갖고 놀아서 고마워."
- "동생에게 노래 불러주는 게 어때? 네가 노래를 불러주면 쉽게 잠이 들 것 같구나."

(3) 칭찬과 격려의 차이

칭찬은 주로 자녀가 어떤 일을 성공적으로 성취했거나 긍정적일 때 하는 것이다. 반면, 격려란 용기를 불러일으킨다는 의미로 높은 성취나 긍정적인 상황이 아니어도 노력한 점을 높이 사거나 앞으로의 발전을 위해 해주는 말이다. 즉, 우리는 자녀의 잘한 일이나 좋은 일에는 칭찬을 하지만, 자녀가 노력한 점이 부족하거나 실패했을 때에는 격려하는 것이다. 자녀를 격려하는 부모는 자녀의 실수를 인정하고 그것으로부터 스스로 배우도록 도와주는 것이다. 즉, 부모는 자녀가 불완전하더라도 기회를 주어 앞으로 더 발전하게 하는 것이다.

칭 찬	격 려
• 칭찬은 보상이다. 외적인 보상으로 자녀를 동기화시킨다. • 어떤 일을 끝낸 후에 한다. • 판단하는 표현을 사용한다. "넌 정말로 착한 아이야!" • 타인과의 비교로 경쟁심이 유발된다.	• 격려는 선물이다. 아무런 조건없이 주어지는 선물이다. • 어떤 일을 하기 전과 후에 모두 할 수 있다. • 인정하는 표현을 사용한다. "넌 정말 그 일을 열심히 했구나!" • 자신의 노력과 향상을 기준으로 하기 때문에 경쟁할 필요 없다.

(4) 격려를 나타내는 표현들

격려에는 고유한 표현들이 있다. 유아에게 사용할 수 있는 격려표현의 예를 들면 다음과 같다.

- "넌 그것을 좋아하는 것 같구나."
- "넌 그걸 어떻게 생각하니?"
- "넌 할 수 있어."
- "고맙다. 내게 많은 도움이 되었다."
- " ____하는데, 네 도움이 필요하구나."
- "넌 정말 그 일을 열심히 했구나!"
- "점점 더 ____를 잘 하는구나."
- "네가 도와줘서 정말 고맙다."
- "넌 확실히 발전하고 있어."

2) 반영적 경청

(1) 전형적인 부모의 역할

아이들은 매일 여러 가지 감정을 갖게 된다. 기쁘고, 즐겁고, 행복하고, 좋은 감정을 느낄 때도 있고, 화가 나고, 슬프고, 두렵고, 속상한 감정도 느낀다. 이때 부모는 자녀에게 어떻게 반응하는가? 특히 자녀가 화가 나거나 속상한 감정을 말할 때 부모는 그 화난 감정을 축소시키거나 부정하려고 애쓴다. 그러나 그것은 오히려 불리한 결과를 초래하게 된다. 왜냐하면 아이들은 부모가 자신을 이해하지 못한다고 느끼기 때문이다. 아이가 기분이 좋지 않거나 속상해 할 때 부모는 아이의 감정을 인정하고 이해해주는 것이 필요하다.

그런데 놀랍게도 부모는 다음과 같은 여러 가지 역할로 반응한다(황옥자·이지연. 2012).

• 명령자

명령자형 부모는 모든 일을 자기통제 하에 둔다. 그러므로 명령, 요구 및 위협은 명령자가 우위를 차지하기 위한 도구로 사용하는 것이다.

• 도덕주의자

이 유형의 부모는 금지하는 사람이다. "너는 그래서는 못 써", "너는 그것을 해서는 안 돼" 식이다.

• 전지전능자

전지전능자형 부모는 오랜 인생 여정을 거쳐 왔고, 인생문제에 대해 축척된 지식이 있다는 것을 자녀에게 보여 주려고 한다. 그러므로 설교하고 조언하며 자신들이 자녀들보다 얼마나 위대한가를 보여주려고 한다.

• 심판자

이 유형의 부모는 재판도 없이 자녀가 이미 죄를 지었다고 선고한다. 부모는 항상 옳고 자녀는 항상 그르다는 것을 입증하는 데 관심이 있다.

• 비판자

비판자형 부모는 조종하기, 별명부르기, 빈정거리기, 자녀의 기를 죽이는 농담 등을 매우 잘한다.

• 심리학자

심리학자와 같은 부모는 훌륭한 의도를 갖고 모든 내용을 자세하게 듣고 싶어한다. 그러므로 분석하고 진단하며 질문한다.

• 상담자

자녀의 감정을 가볍게 대함으로써 자기의 간섭을 변명하려 한다. 간단한 확언, 어깨를 두드려주거나, 모든 일이 잘 될 것처럼 행동하는 것 등으로 자녀의 걱정, 근심에 대답을 한다.

다음의 사례에서 진이와 어머니의 대화내용을 보자.

> 자녀 : 엄마. 난 진우가 미워.
> 어머니 : 진우를 미워하면 안 돼. 네 동생이잖아.
> 자녀 : 그래도 미워!
> 어머니 : 얘가! 너 좀 혼나볼래?
> 자녀 : 싫어. 엄마도 미워.

지난밤 월드컵 축구대회 결승전이 있었다. 영준이는 어머니께 깨워달라고 부탁하고 잤다.

> 평소대로라면 다음날 아침에 오고 갔을 대화 내용이다.
> 영준 : (볼멘소리로) 엄마! 어젯밤에 깨워 달랬는데 왜 안 깨웠어?
> 어머니 : (어이없어하며) 깨워도 네가 안 일어났잖아!
> 영준 : 여러 번 흔들어 깨웠으면 되잖아! (심통스럽게) 어떻게 됐어? 우리나라가 이겼어, 졌어?
> 아버지 : 엄마도 그냥 잤는데 어떻게 알아. 사내 녀석이 아침부터 신경질 부리지 말고 빨리 학교 갈 준비나 해!
> 영준 : 알았어. (퉁탕거리며 방으로 들어간다)
> 아버지 : 아니, 저 녀석이!

앞의 사례에서 부모와 자녀 간의 대화가 결국 언쟁으로 바뀔 뿐 아니라 부모는 계속해서 아이가 느끼는 것을 믿지 말고 대신 부모인 자기가 느끼는 대로 믿으라고 하는 것을 볼 수 있을 것이다. 이와 같이 부모가 아이의 감정을 부정하거나 축소할 때, 아이는 부모가 자기의 감정에는 관심을 갖고 있지 않다고 생각하게 되어 그 순간 아이의 분노, 좌절, 실망이 부모에게로 옮겨진다. 아이가 울부짖으며 "싫어, 엄마도 미워", "알았어"라고 한 것은 자기가 믿었던 엄마가 자신을 이해하지 못하는 것 때문에 야기된 것이다.

(2) 좋은 경청자가 되는 방법

의사소통은 듣기와 말하기 두 부분으로 이루어진다. 부모가 자녀와 효과적인 의사소통을 하기 위해서는 무엇보다 자녀의 말을 주의 깊게 듣고 존중하는 태도로 말해야 한다.

① 자녀의 감정에 귀 기울이기

느낌을 듣는다는 것은 특수한 기술이다. 이를 우리는 반영적 경청(reflective listening)이라고 부른다.

부모는 반영적 경청을 사용함으로써 자녀의 느낌을 소중히 여기고, 자녀의 말과 신체언어(body language) 이면의 의미를 이해한다는 것을 보여 줄 수 있다. 반영적 경청은 부모가 자녀를 이해하고 싶어한다는 것을 알리는 방법이다.

- 반영적 경청을 사용하는 방법
  - ―1단계(듣기) : 부모가 듣고 있다는 것을 몸으로 보여 준다. 하던 일을 모두 중단하고 자녀를 정면으로 쳐다본다. 옆에 앉거나 무릎을 꿇어 자녀의 눈높이와 맞추든지 자녀를 안아 올려 얼굴과 얼굴을 마주한다.
  - ―2단계(느낌에 귀 기울이기) : 자녀의 말을 들으면서 스스로에게 질문해 본다. "내 아이는 지금 어떤 느낌일까?" 그 느낌을 적절하게 표현할 수 있는 말을 생각해 본다.
  - ―3단계(들은 것을 말해 주기) : 부모는 자녀의 느낌을 반영하는 일종의 거울이라고 생각한다. 또한 부모는 자녀가 그렇게 느낀 이유가 무엇이라고 생각하는지를 반영해 준다.

② 유아가 느낌을 표현할 수 있는 말을 찾도록 돕기

아이는 느낌을 표현하는 어휘를 많이 알고 있어야만 자신이 어떻게 느끼고 있는지를 분명하게 말할 수 있다. 부모는 반영적 경청을 사용함으로써 자녀에게 자신의 감정을 올바르게 표현할 수 있도록 가르칠 수 있다.

부모들이 자주 사용하는 감정표현의 어휘로는 크게 5가지를 들 수 있는데, '좋다', '나쁘다', '행복하다', '슬프다', '화나다'이다. 이들 어휘가 언제나 모든 이야기나 감정을 다 표현해 주는 것은 아니다.

그러므로 가능한 한 느낌을 나타내는 다른 표현들을 많이 생각해 본다.

다음은 자녀가 화가 나거나 마음이 상했을 때, 단지 자녀가 느낄 수 있는 감정만을 부모가 이야기하는 경우이다.

> "형이 네 장난감을 빼앗아서 화가 났구나."
> "엄마가 놀아주지 않아 속상했니?"
> "네가 두려워하고 있는 것 같이 들린다."
> "무척 힘든 것 같구나."
> "매우 당황해서 무엇을 해야 할지 모르는 것 같구나."
> "지금 무섭니?"
> "넘어져서 몹시 창피했구나."
> "친구들 앞에서 꾸중을 들었으니 얼마나 자존심 상했니?"

다음 대화는 반영적 경청을 사용한 경우이다.

아홉 살 된 진수가 매우 화가 나서 집에 돌아온 상황이다.

> 어머니 : 오늘 소풍을 못 가서 무척 실망했겠구나.
> 진 수 : 네, 실망스러워요.
> 어머니 : 넌 소풍갈 날을 그렇게도 기다렸었는데……
> 진 수 : 정말 그랬어요.
> 어머니 : 네가 소풍갈 준비를 다 해놓았는데... 그만 비가 와 버렸구나.
> 진 수 : 맞아요. 정말 그래요.

잠깐 침묵이 흐른 뒤, "선생님이 다음 주에 소풍간다고 하셨어요"라고 말했다. 그날은 비교적 평화롭게 보낼 수 있었다.

3) 나-전달법

자녀의 행동 때문에 화가 나거나 실망, 짜증이 날 때 부모들은 어떻게 반응하는가? 구체적으로 부모를 괴롭히는 자녀의 행동을 예로 들어보면 다음과 같다.

- 부모가 전화통화를 하는데 옆에서 큰소리로 떠든다.
- 거실에 장난감들을 어지럽게 늘어놓는다.
- 동화책을 계속 읽어달라고 조른다.
- 학교에서 돌아온 후 책가방을 던져 놓고 밖에 나가 논다.
- 동생하고 놀다가 때려서 울린다.
- 아침에 여러 번 깨워도 일어나지 않는다.
- 시험기간인데 공부하지 않고 TV를 본다.
- 동생편만 든다고 부모에게 대든다.
- 세수하자고 하면 도망친다.
- 화장실을 사용하고 난 후 불을 끄지 않는다.
- 마트에서 뛰어다닌다.
- 추운 날씨인데 얇은 옷만 입고 나가려고 한다.
- 껌을 뱉으라고 했는데 잠자리에서 계속 씹는다.
- 방바닥에 낙서를 한다.

위와 같은 자녀들의 행동으로 인해 부모들이 부정적인 감정을 갖게 될 때 자녀의 도움을 받을 수 있는 의사소통기술인 나-전달법은 다음과 같다.

나-전달법(I-message)은 '나'를 주어로 하여 상대방에 대한 자신의 생각과 감정을 솔직하게 표현하는 바람직한 부모감정의 표현방법이다. 이것은 자녀의 문제행동에 대하여 부모가 느끼는 불쾌한 감정을 표현하는 것이다. 완전한 나-전달법은 '자녀의 문제행동', '자녀의 행동으로 인해 부모에게 미치는 구체적인 영향', '부모의 감정'으로 구성된다.

- "네가 동생을 때리면 엄마는 몹시 속상하다."
- "네가 장난감을 방바닥에 늘어놓으면 정말 화가 난다. 왜냐하면 엄마가 장난감에 발을 찔릴까봐 걸어 다닐 수가 없거든."

(1) 나-전달법(I-message)의 3가지 구성요소

- 자녀의 행동 : 부모의 감정을 언짢게 하는 자녀의 행동을 무비판적으로 진술한다.
  "네가 ……하면"
  예) 네가 거실에서 뛰면

- 부모에게 미치는 구체적인 영향 : 부모의 시간, 에너지, 금전, 노력 등의 소모를 뜻한다.
  "왜냐하면……"
  예) TV 뉴스 소리가 잘 들리지 않기 때문에

- 부모의 감정 : 부모가 느끼는 부정적인 감정(화나다, 속상하다, 슬프다, 괴롭다 등)을 표현한다.
  "나는 ……라고 느낀다."
  예) 엄마는 화가 난다.

이에 비해 너-전달법(you-message)은 '너'를 주어로 하여 상대방의 행동에 대한 평가나 비평을 하는 대화방법이다. 예를 들면, "너 너무 지나치잖아"와 같은, 즉 "너는 ……하다"의 표현방식이다. 이러한 너-전달법은 상대방에게 일방적으로 강요하거나 공격하는 느낌을 주어 인간관계를 악화시키게 된다.

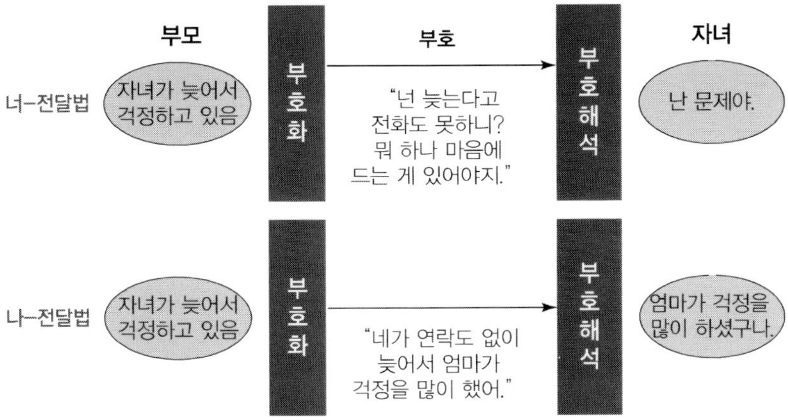

(2) 효과적인 자기표현 기술

- 부모 자신의 감정을 이야기한다. (나-전달법)
  - "네가 장난감을 방바닥에 늘어놓으면 화가 난다. 엄마가 편하게 걸어 다닐 수가 없거든."
- 문제점을 이야기한다.
  - "장난감이 방안 가득 널려 있구나!"
- 정보를 제공한다.
  - "휴지는 쓰레기통에 버리는 거야."
- 한마디 규칙
  - 껌
- 메모를 남긴다.
  - "그림 그리고 난 후 나를 집으로 돌려보내 주세요." -크레파스 올림-

긍정적 나-전달법과 예방적 나-전달법도 자녀에게 적절히 사용하면 유용하다.

긍정적 나-전달법과 예방적 나-전달법의 의미와 구체적 예를 보면 다음과 같다.

긍정적 나-전달법과 예방적 나-전달법
• 긍정적 나-전달법 : 부모-자녀가 모두 기분이 좋을 때, 자녀의 행동에 대하여 부모의 좋은 생각이나 느낌을 전달하는 의사소통기술 예) 난 네 노래를 참 좋아한단다. 네가 청소를 도와주니 빨리 청소가 끝나게 되어 기분이 매우 좋구나. • 예방적인 나-전달법 : 자녀와의 관계에서 미래에 문제가 발생할 것 같은 상황에 대비해서 부모가 원하는 바를 전달하여 자녀의 도움을 요청하는 의사소통기술 예) 아빠가 내일 저녁은 쉬고 싶으시대. 왜냐하면 요즘 며칠 동안 밤늦게까지 회사일로 쉬지 못하셨거든.

4) 책임감의 발달

(1) 자연적 · 논리적 결과

"책임감"이란 "자기가 취할 행동을 선택하고 나서 선택한 결과를 수용하는 것"을 말한다. 우리의 자녀가 책임감을 발전시키게 되면 자기가 결정한 행동에 수반되는 결과에 대해서 책임을 지는 것을 배우게 된다. 그러다 보면 점점 더 바른 행동을 선택하게 되고, 현명한 결정을 할 줄 알게 되며 궁극적으로는 더 많은 성공을 이루게 되는 것이다.

책임감(R : responsibility) ← 선택(C : choice) + 결과(C : consequence)

아이가 어렸을 때부터 책임감을 배우도록 가르쳐 준다. 아주 간단한 선택권을 아이 때부터 부여하여 자녀가 책임감을 배워 가도록 한다. 가장 간단한 선택권의 예는 이런 것들이다. 밥을 먹을래, 빵을 먹을래? 또는 파랑색 바지를 입을래, 분홍색 치마를 입을래? 네 방을 지금 치우겠니? 아니면 저녁식사 후에 치우겠니? 이렇게 자녀에게 선택권을 주게 되면 우리의 아이에게 힘을 실어주게 된다. 그리고 아이들 자신이 선택한 것에

대한 책임감을 느끼도록 해 준다.

또한 자녀를 훈육하는 방법 중 하나인 상과 벌의 자녀 양육방법은 몇 가지 단점이 있다.

첫째, 자녀의 행동에 대해 자녀보다는 부모가 책임진다.

둘째, 자녀 스스로 결정할 수 있는 기회를 제한한다. 결과적으로 효과적인 행동 규칙을 채택할 줄 모르게 된다.

셋째, 권위적인 모습을 보일 때만 바람직한 행동을 하게 된다.

넷째, 자녀에게 강제로 순응하게 함으로써 반항이 생길 수 있다.

위와 같은 단점을 가진 상벌의 자녀양육법 대신 좀 더 효과적 방법인 자연적·논리적 결과의 방법은 자녀의 잘못된 행동에 대한 결과를 자녀가 직접 경험하도록 하여 부정적인 결과 경험이 자녀를 교정하도록 하는 것이다. 이 방법은 다음과 같은 장점이 있다.

첫째, 이 방법은 부모가 아닌 자녀가 자신의 행동에 대해 책임을 진다.

둘째, 자녀 스스로 어떤 행동이 적절한가를 결정한다.

셋째, 부모의 희망에 따르도록 강요당하는 대신 자연적 사건의 결과로부터 자녀 스스로 배우게 된다. 즉, 배가 고파도 먹지 않는 자녀는 배고픔을 경험하게 한다.

이와 같이 자연적 결과(natural consequence)는 자녀가 어떤 행동을 취하였을 때 부모의 개입없이도 자연적으로 일어나는 결과이다. 그러나 자녀에게 자연적 결과를 적용할 수 없거나 그것이 위험한 경우에는 바로 논리적 결과로 대치할 수 있다. 예를 들면, 아침식사를 거르면 자연적 결과는 점심시간이 되기 이전에 배가 고픈 것이다.

논리적 결과(logical consequence)란 자녀가 가정의 규칙이나 부모의 지시를 따르지 않을 때에 자녀를 가르치기 위해 그 대가로서 따르는 결과(손해)를 논리적으로 경험하게 하는 방법이다. 예를 들면, 벽에 낙서를 하게 되면 그 대가로 낙서를 말끔히 지우는 데 시간과 노력을 기울여야 한다. 즉, 자녀는 자기의 잘못된 행동에 대해 논리적으로 따라오는 결과가 있다는 것을 알게 된다. 다시 말해서 결과는 자기 행동에 대한 논리적 타당성에 기인된다는 것을 아는 것이다.

(2) 자연적 결과가 교훈을 줄 수 없을 때

때로는 부모 쪽에서 간섭하지 않고서도 어린이가 행동한 결과에 대해서 교훈을 저절로 익히게 되는 상황이 종종 있다. 그러나 자녀에게 교훈을 주기 위하여 자연의 섭리에 무조건 맡겨버릴 수 없는 상황이 있다(홍경자 역. 1995).

- 자연적 결과를 통하여 교훈을 얻기에는 너무 위험부담이 클 경우를 예로 들면, 복잡한 도로에서 자녀가 뛰어 놀도록 방치하다가는 자녀가 사망할 수도 있다.
- 자연적 결과로 나타나는 행동이 당장 눈에 보이지 않기 때문에 자녀가 인과관계를 이해할 수 없을 때이다. 예를 들면, 양치질을 하지 않으면 오랜 시간이 지난 후에 충치를 앓게 된다.
- 자녀가 취한 행동의 결과가 자녀 자신보다는 다른 사람에게 피해를 줄 때이다. 예를 들면, 자녀가 당신이 서랍 안에 둔 가위를 가지고 쓰다가 잃어버릴 수 있다. 그러므로 위의 경우 부모가 예방 조치를 취해야 한다.

(3) 논리적 결과를 사용하는 요령

① 자녀에게 선택권을 준다.

자녀에게 어떤 행동을 할 수 있는지 선택권을 주어 그 행동의 대가를 경험하게 하는 것이 매우 중요하다. 책임감을 배우는 것은 선택하는 방법을 배우는 것을 의미한다. 자녀가 선택한 행동의 결과를 경험하게 하는 것은 자녀가 선택한 행동의 결과를 체험하게 함으로써 장차 보다 더 현명한 선택을 하도록 가르쳐 준다. 자녀가 그릇된 행동을 할 때에 그 행동도 어린이가 취할 수 있는 여러 가지 행동 중의 하나를 선택한 것이며, 따라서 거기에 합당한 대가를 논리적으로 치러야 한다는 것을 보여 준다. 또한 자녀가 바람직한 행동을 선택하면, 즉 자아실현의 방법인 긍정적인 방법을 선택하면 긍정적인 결과를 맛보게 된다는 것도 동시에 강조한다.

부모는 자녀의 행동 선택을 지도하기 위하여 다음과 같은 방법을 사용하는 것이 매우 유용하다.

- 양자택일(이것이냐 저것이냐) : 나는 ~하거나 아니면 ~할 수 있다.
  - "성현아, 학교에서 돌아오면 네 물건들은 정리하렴. 그렇지 않으면 상자에 담아 놓으렴. 네가 어떻게 할 것인지 결정해."
- 조건부(~하면 ~하게 된다) : 네가 ~하면, 너는 ~하게 된다.
  - "지현아, 숙제를 다 끝내면 TV를 봐도 된다."

② 아동에게 자신의 행동 결과로 치르는 대가를 설정하도록 요청한다.

부모가 의사결정과정에 자녀를 참여시키면 훨씬 더 많은 협조를 받을 수 있다. 게다가 행동의 선택권이나 해결책에 대하여 자녀로부터 풍부한 아이디어를 제공받을 수 있다. 예를 들면, "수호야, 네가 부엌을 어질러 놓으니 엄마는 머리가 아프구나. 이 문제를 해결하기 위해 어떻게 했으면 좋겠니?"라고 말하는 것이다.

자녀가 좋은 아이디어를 갖고 있지 못할 때에는 부모가 생각한 방법과 그에 따르는 논리적 결과에 대하여 자녀에게 이야기해 줄 수 있다.

③ 결과는 논리적인 타당성이 있어야 한다.

논리적 결과의 방법을 사용하여 성공하려면 자녀가 가르치게 될 대가가 자녀의 그릇된 행동에 논리적으로 관련을 맺어야 한다. 그러한 결과로써 대가를 치르게 된 것이라는 점을 자녀가 이해하면 부모를 원망하지 않고 따르게 된다.

비논리적	논리적
밥은 제때에 와서 먹어라. 그렇지 않으면 1주일 동안 TV를 볼 수 없다.	밥은 제때에 와서 먹어라. 그렇지 않으면 음식이 식어버리고 좋아하는 반찬이 없다.

④ 부모 쪽에서 실제로 실천할 수 있는 선택권만 주도록 한다.

어떤 문제에 대해서 부모가 사용할 수 있는 논리적인 결과의 방법은 꽤 많다. 그러므로 다른 어머니들, 배우자, 자녀들과 함께 연구를 하는 것이 좋다. 그러나 부모가 문제를 소유하고 있을 때에 부모 쪽에서 자녀에게 어떤 행동을 선택하게 할까를 결정하게 된다. 부모로서 수용할 수 있는 선택권만을 준다.

⑤ 단호하지만 조용한 목소리로 말한다.

자녀에게 행동의 선택권을 제시할 때나 자녀가 취한 행동의 결과로 어떤 대가가 따르도록 말할 때에는 단호하고 조용한 태도로 임하는 것이 중요하다. 단, 화난 어조나 횡설수설한 말투를 사용하지 않도록 한다.

⑥ 일단 자녀에게 선택권을 주고 나서는 반드시 그대로 실천한다.

자녀를 훈육하기 위하여 논리적 결과의 방법을 사용하려면 그대로 실행하여야 한다. 만일 자녀가 그릇된 행동을 계속하면 즉각적으로 그 결과를 경험하도록 시행한다. 자녀는 항상 행동을 선택하기 마련이다. 자녀가 부모에게 말하지 않는 경우라 할지라도 자녀의 행동을 보면 곧바로 자녀가 어떤 쪽의 행동을 택하고 있는지를 알 수 있다.

부모는 자녀 쪽에서 어떤 대가를 치르지 않고서 자기 나름대로 무책임하게 행동하도록 두 번 이상 방치하지 말아야 한다. 자녀는 자기가 취한 행동의 결과를 경험함으로써 교훈이 습득되는 것이다.

⑦ 자녀가 부모를 시험해 본다는 사실을 유념한다.

자녀의 바람직하지 못한 행동을 좋은 방향으로 전환시키고자 노력할 때에도 부모는 자녀가 당분간 여전히 그릇된 행동을 할 것이라고 예상하는 것이 타당하다. 자녀는 부모가 "이렇게 하겠노라"고 엄포한 대로 과연 시행할 것인지를 실제로 시험해 볼 수 있기 때문이다. 다시 말하면 "엄마, 아빠가 정말로 옛날하고는 다를까?"를 알아보고자 살피는 것이다. 예전에는 부모 쪽에서 보여준 반응방식에서 자녀는 이득을 얻은 적이 많았기 때문에 옛날의 부모-자녀 간의 관계로 되돌아가고 싶어 한다. 그러나 부모 쪽에서 일관성 있게 자녀가 취한 행동의 결과를 경험하도록 실행해 본다면 이제 자녀는 부모를 이리저리 요령껏 시험해 보았자 효과가 없다는 것을 알고, 자신의 행동을 변화시키려 한다. 결국 자녀는 바람직한 행동을 하게 된다.

⑧ 자녀에게 자신의 행동결과를 경험한 후에 다시 한 번 기회를 준다.

자녀를 자신이 선택한 행동의 결과로써 깨달음이 있도록 지도하는 것이 부모의 목적이므로 자녀에게 기회를 다시 한 번 주도록 해야 한다. 다만 자기가 처음에 선택한 행동의 대가를 경험한 다음에 그 기회를 다시 주도록 한다. 예컨대, 자녀가 '토요일 오후에 부엌 바닥의 청소가 끝난 후 놀러 나가도 좋다'고 합의를 보았는데도 불구하고, 청소를 하지 않고 공놀이를 하러 나가려고 할 때 부모는 자녀에게 청소의 의무를 이행해야 한다는 사실을 환기시켜 주어야 한다.

만약 자녀가 자신이 취한 행동의 결과를 충분히 경험하고 나서도 여전히 그릇된 행동을 계속한다면 그것은 자녀가 부모를 시험하고 있다는 증거이다. 예를 들어, 자녀가 다음 주에 청소를 하지 않고 공놀이를 하러 나가려고 한다면, 이때는 이렇게 말할 수 있다.

"오늘은 청소를 하지 않은 걸 보니 분명히 공놀이를 하지 않을 모양이구나. 다음 주 토요일에는 약속을 지키고 나서 공놀이를 하러 갈 수 있겠지."

논리적 결과의 방법을 사용하는 요령

- 자녀에게 선택권을 준다.
  - 양자택일(이것이냐, 저것이냐)
  - 조건부(~하면 ~해도 된다)
- 자기 행동의 결과를 치르는 대가를 자녀가 설정하도록 한다.
- 결과는 논리적인 타당성이 있어야 한다.
- 부모 쪽에서 실제로 실천할 수 있는 선택권만 주도록 한다.
- 단호하나 조용한 목소리로 말한다.
- 일단 자녀에게 선택권을 주고 나서는 반드시 그대로 실행하도록 한다.
- 자녀가 부모를 시험해 본다는 사실에 유념한다.
- 자기 행동의 결과를 경험하는 기회를 다시 한 번 준다.

출처: 홍경자 역. 1995. 현대의 적극적 부모역할훈련.

⑨ 자연적·논리적 결과를 사용한 예

1 문제 : 청결

전형적 반응	설교하고, 반복해서 말하고, 창피를 주고, 명령한다.
자연적·논리적 결과	• 이닦기 : 구취는 불쾌할 뿐 아니라, 특히 당분과 녹말이 든 사탕류와 과자들은 치아에 해롭기 때문에 이를 닦든지, 아니면 이를 스스로 잘 닦을 때까지 과자를 먹지 않든지 둘 중의 하나를 선택하게 한다. • 목욕하기 : 자연적 결과를 적용할 수 있다. 깨끗한 옷을 입을 것인지, 더러운 옷을 입을 것인지 자녀들이 결정하게 하는 것이다. 만일 자녀가 더러운 옷을 입기로 했다면, 친구들이 더러운 옷에서 냄새가 난다고 말할 것이다.
보충 설명	청결 습관은 부모가 책임진다고 해서 발달되지 않는다. 스스로 불결함의 자연적 결과를 경험할 때 청결의 가치를 알게 될 것이다.

2 문제 : 아침일과 옷 입기·아침 먹기·학교 가기

전형적인 부모의 반응	부모가 자녀의 아침일과에 책임을 진다. 여러 차례 불러서 깨우고, 옷을 입히고, 달래고, 잔소리하고, 윽박지르고, 유아교육기관으로 보낸다.
자연적 · 논리적 결과	• 자녀에게 자명종 시계를 주고 맞추는 방법을 알려 준다. 자녀에게 일어나서 옷 입고, 아침 먹고, 유아교육기관에 가는 것에 대해 자녀가 책임질 것을 말한다. • 부모가 아침밥을 차려 놓지만, 먹고 안 먹고를 결정하는 사람은 자녀다. 만일 자녀가 아침을 거른다면, 다음부터는 아침을 먹을 시간에 일어나야겠다고 결심하도록 배고픔의 자연적 결과를 경험하게 한다. • 만일 자녀가 지각하면 담임선생님께 꾸중을 듣는 결과를 경험하게 한다(미리 유아교육기관에 전화를 하여 부모의 의도를 설명하고 교사의 협조를 구할 수도 있다). • 만일 자녀가 게으름을 피워 스쿨버스를 놓친다면 자녀가 걸어가야 한다는 결과를 경험할 것이다(절대 택시에 태워 자녀를 유아교육기관까지 데려다 주지 말아야 한다. 택시에 태워 보내면 이로 인해 자녀는 버스로 가는 것보다 택시를 타고 가는 것이 더 좋다고 생각하게 된다).
보충 설명	부모가 자녀의 아침일과에 대해 책임이 있다고 생각하면, 자녀는 스스로 책임지는 것을 학습하지 못하고 다른 사람에게 의지하게 된다. 자녀가 반드시 아침을 먹어야 하는 것은 아니므로, 오히려 자녀에게 가장 좋은 경험을 하도록 하는 것이 바람직하다.

2. 부모용 자료

1) 체험나누기 ♥부모

-지난 주 과제에 대해 부모들이 돌아가면서 발표한다.

2) 3회기 모임의 주제 및 내용에 대하여 소개한다. ▶강사

3) 부모들이 힘들고 속상할 때 누구에게 이야기하는지, 그 이유가 무엇인지 부모들에게 질문한다. ▶강사

4) 부모들이 자녀가 화를 내거나 속상해 한 경우를 발표한다. ♥부모

> 예) 1 친구들이 안 놀아준다며 어깨를 축 늘어뜨리고 들어온다.
> 2 힘들여 만든 종이 가면을 동생이 찢었다며 운다.

- 위와 같은 경우에 부모로서 어떻게 반응하는지 적는다. ♥부모

> 예) 1 '왜 그러니?'하고 아이에게 질문한다.
> 2 '인생이 그런 걸 ~ 울지마라'고 위로한다.

5) 자녀가 부정적인 감정을 표현할 때 부모가 나타내는 일반적 반응에 대해 제시한 후, 바람직한 의사소통기술인 경청기술에 대해 설명한다. ▶강사

효과적인 경청기술

- 주의 깊게 자녀의 이야기를 들어 준다(수동적 경청).
  지금 현재 당신이 하고 있던 일을 중단하고 당신의 눈을 자녀에게 돌려서 질문이나 충고를 하지 말고 침묵하면서 듣는다.
- 자녀의 말을 인정해 준다(인정하기).
  고개를 끄덕이거나 '오, 음, 그래'와 같은 말을 사용하여 자녀의 말을 인정해 준다.
- 자녀가 계속 말을 할 수 있도록 격려한다(말문열기).
  "그 다음에 어떻게 되었니?", "그 다음이 궁금한데."
- 자녀가 원하는 것을 상상으로 표현해 준다(상상표현).
  "지금 당장 네게 맛있는 아이스크림을 만들어 주고 싶구나!"
- 자녀가 느끼는 감정을 이야기한다(반영적 경청).
  "매우 실망이 컸겠구나."

6) 부모들이 4인 1조가 되어 마음속의 감정을 나타내는 단어를 생각해 본 후, 기쁨이나 즐거움을 나타내는 긍정적인 감정과 분노·슬픔·두려움을 나타내는 부정적인 감정을 나타내는 단어를 적는다. ♥부모

긍정적인 감정들

기쁘다, 즐겁다, 행복하다, 통쾌하다

부정적인 감정들

화나다, 속상하다, 난처하다, 불안하다

7) 다음과 같은 상황에서 부모들이 2인 1조로 부모역할, 자녀역할을 맡아서 한다. 그 후 역할을 바꾸어서 돌아가면서 한다. ♥부모

- 두 사람이 가까이 마주 앉는다. 한 사람이 자녀의 역할을 하고 다른 사람은 부모의 역할을 한다. 다음의 예에서 하나를 선택해서 자녀가 먼저 이야기한다.
  예) "진희를 때려주고 싶어요."
  "미영이가 이사를 갔어요. 나랑 제일 친했는데……"
  "엄마 동생만 예뻐해요."
  "나는 다시는 그 애랑 놀지 않을거야."
- 부모역할을 맡은 사람은 자녀의 말을 듣고 자녀가 느끼는 감정과 기분을 말해 주는 것이다.
- 이번에는 서로 역할을 바꾸어서 연습한다.
- 마지막으로 이 연습을 하면서 느낀 감정이나 생각을 서로 이야기한다.

8) 경청기술의 장 · 단점에 대해 토의한 후 발표한다. ◉ 강사와 부모

9) 부모가 자녀의 행동으로 인해 기분이 좋지 않았던 경험을 회상한 후, 발표한다. ♥부모

- 요즈음 부모가 자녀의 행동 때문에 화가 나거나 속상한 경험을 기록한다.
  예) 안방에 장난감을 어지럽게 늘어놓는다.
  아침에 여러 번 깨워도 일어나지 않는다.
  동생하고 놀다가 싸운다.
  화장실을 사용하고 난 후 불을 끄지 않는다.
- 자녀가 위와 같은 행동을 했을 때 부모님은 어떻게 반응하셨나요?
  (위의 예를 선택해서 부모의 반응을 구체적으로 적으시오.)
- 부모님이 사용한 방법은 효과적이었나요? 예 ________ 아니요 ________
  (기타 : 구체적으로 적으시오.)
- 또 그때 부모는 어떤 감정을 느꼈나요?

10) 부모 자신의 최근 또는 현재의 감정을 3가지 정도 표현하는 단어를 선택한 후, 그 이유를 두 사람씩 짝을 지어서 말한다. ♥부모

• 괴로운	또는	• 행복하다.
• 화난		• 기쁘다.
• 속상한		• 고맙다.

11) 나-전달법(I-message)의 3가지 요소를 연습한다. ◉강사와 부모

• 예1: "저녁 뉴스를 보고 있는데, 네가 큰소리로 말하면(행동) 아빠는 화가 난다(감정). 왜냐하면 뉴스에서 무슨 소리를 하는지 들을 수가 없거든(영향)."

• 예2: "안방에 장난감을 여기 저기 놓으면(행동) 엄마는 속상하다(감정). 왜냐하면 엄마는 장난감을 치우는 것이 너무 힘들어(영향)."

㉠ 네가 일요일날 일찍 TV를 크게 틀면(　　　) 화가 난다(　　　). 왜냐하면 잠을 잘 수가 없기 때문이다(　　　).
㉡ 네가 장난감을 가지고 논 후 정리하지 않으면(　　　) 엄마는 짜증이 많이 난다.
(　　　). 방이 지저분해서 엄마가 또 힘들게 치워야 하거든(　　　).
㉢ 네가 침대에서 뛰면(　　　), 침대가 망가져 못쓰게 될까봐
(　　　) 걱정이 된다(　　　).
㉣ 방충망이 열려 있으면(　　　) 걱정이 된다(　　　). 모기가 들어와서 물릴까봐(　　　).

상 황

1. 동생을 때린다.
2. 장난감을 어질러 놓고 정리하지 않는다.

↓

너–전달법

1. 동생을 왜 때리니! 잘 돌봐야지.
2. 제발 좀 치워라! 왜 이 모양이냐!

↓

나–전달법

1. 네가 동생을 때리면 엄마는 몹시 속상하다.
2. 장난감을 정리하지 않으면 화가 난다.

12) 다음의 상황에서 너-전달법과 나-전달법을 만들어 본다. ♥부모

• 친구와 전화통화를 하는데 자녀가 옆에서 큰소리로 떠든다.
 –너–전달법 :

 –나–전달법 :

• 장난감을 사달라고 조른다.
 –너–전달법 :

 –나–전달법 :

• 엄마는 피곤해서 졸린데 자녀는 동화책을 계속 더 읽어달라고 조른다.
 –너–전달법 :

 –나–전달법 :

13) 부모는 3인 1조가 되어 한 사람은 부모역할, 다른 한 사람은 자녀역할, 나머지 한 사람은 관찰자(평가자)가 되어 다음과 같은 상황에서 하나를 택하여 역할놀이를 한다. ♥부모

> 상황 [1] 자녀가 장난감을 가지고 논 후 정리하지 않는다.
> 상황 [2] 자녀가 장난감을 사달라고 조른다.
> 상황 [3] 자녀가 침대에서 뛴다.

14) 강사는 오늘 다루었던 내용에 대하여 종합적으로 정리한 후, 부모가 오늘 다루었던 내용들 중 질문사항이나 소감에 대하여 발표하게 한다. ◉ 강사와 부모

15) 과제를 전달한다. ▶ 강사

-오늘 학습한 내용들(반영적 경청, 나-전달법) 중 바람직한 의사소통기술을 가정에서 한 가지 적용한 후 기록하여 다음 모임에 가져온다.

16) 가족활동

- 가족이 함께 볼 수 있는 자녀에게 유익한 '인사이드 아웃(Inside Out)'과 같은 감정을 표현하는 애니메이션 영화 혹은 '코코'와 같이 가족애를 그린 애니메이션 영화를 함께 시청한 후, 그 내용에 대하여 이야기하며 즐겁고 유익한 시간을 가진다.

Chapter 08

4회기: 부모-자녀 간의 민주적 문제해결방법

1. 이론적 배경

1) 민주적인 갈등해결방법

(1) 부모-자녀 간의 갈등

모든 부모들은 자녀들의 행동을 변화시켜 보려고 했지만 좌절감만 겪은 경험이 있을 것이다. 실제로 자녀를 양육하다 보면 자녀들이 부모들의 욕구를 거슬리는 방향으로 행동하는 일이 많다. 그러나 이러한 갈등상황은 부모-자녀 간의 관계에서 어쩔 수 없는 현상이라고 할 수 있다.

- 30분 내에 학교에 도착하여야 하는데, 아이가 여전히 TV에만 몰두하고 있다.
- 부모가 허락하지 않는데도 딸은 친구들과 주말에 바닷가로 놀러가려고 한다.

위와 같은 부모와 자녀 간의 욕구 갈등은 일상생활에서 피할 수 없다. 부모-자녀 간의 사소한 의견 차이가 때로는 결정적 싸움으로까지 번질 수가 있는데, 바로 이 점이 단순한 부모의 문제도 아니고 자녀의 문제도 아닌 관계상의 문제이다.

갈등은 인간을 서로 멀어지게 하거나(불화) 좀 더 가깝고 친숙한(상호이해) 관계로 이끄는 힘이 있다. 갈등의 해결방법이 부모-자녀관계에서는 매우 결정적인 요인이다.

(2) 갈등해결의 3가지 방법

① 권위주의적 방법

갈등의 해결을 위하여 권위주의적 방법에 의존하는 부모는 심각한 '승리'의 대가를 치러야 한다. 즉, 자녀들은 갈등을 해결하고자 하는 동기가 낮고, 부모를 원망하게 되며 부모는 이를 강요하기에 어려움을 겪게 되며 자녀의 자율적 규제를 발달시킬 기회를 말살하는 결과가 초래된다.

어떤 갈등상황에서 부모가 자신의 해결책을 강요할 경우, 자녀들의 동기는 대단히 낮아지게 되어 별다른 심리적 투자없이 부모의 결정을 그대로 따르려 할 수도 있다. 그 결과 자기 밖의 외적인 동기에만 익숙해져서 부모가 가하는 처벌의 공포에서만 벗어나려고 그저 따르게 되는 것이다. 그러므로 부모와 자녀 간의 관계를 악화시킬 싹을 키운다고 보기 때문에 사랑과 애정으로 대치되어야 한다.

② 허용적 방법

자신들의 방식대로 하도록 허용된 아이들은 반항심, 적개심, 의존성, 공격성, 복종성, 동조성, 포기심 등이 적을 것이며, 부모들의 힘에 대처해서 자기방식을 발전시킬 필요가 없을 것이다. 부모의 허용적인 갈등해결 방법은 아이들로 하여금 자신의 힘으로 부모의 힘에 이길 것을 격려하는 방법이다. 이러한 아이들은 부모를 통제하는 데 울화를 처리할 줄 알며, 부모에게 죄책감이 들게 하는 방법이나 자기의 불쾌한 감정을 표현하는 방법도 배우게 된다. 이런 아이들이 가끔 난폭하거나 다루기 힘들고 충동적이기도 하며, 자기들의 욕구가 무엇보다 중요하다는 것도 배웠다. 또한 자기 행동에 내적 통제가 부족하여 자기중심적이거나 이기적일 수도 있다. 이러한 가정의 아이들은 부모에게 하던 버릇대로 다른 아이들에게도 자기의 방식대로만 행동하기 때문이다. 학교에 적응하기도 어렵고, 교사나 다른 권위의 인물이 권위나 힘에 의존하는 방식으로 훈육하기 때문에 충격을 받을 수도 있다.

이러한 가정에서 부모역할은 매우 불행하며, 기쁨은 거의 없고 서글픈 생각에서 '사랑할 수 없다', '미워한다'는 말이 부모 입에서 나오게 된다.

③ 민주적 방법

민주적 갈등해결 방법은 힘을 동등하게 지닌 사람들 사이의 갈등을 해결하는 데 잘 활용된다. 비폭력적·무패적 방법으로 어느 한쪽이 이기고 어느 한쪽이 지는 것이 아니라 양쪽이 다 이기는 양승해결방법이라고 하겠다. 왜냐하면 해결책은 양쪽의 모두에게 수용되기 때문이다. 이것은 양쪽이 서로 일치하는 것이 궁극적인 갈등해결책이다.

민주적인 갈등해결 방법은 부모와 자녀 간의 특정 문제에 대해 양쪽이 다 받아들일 수 있는 방법을 찾는 것이다. 이것은 매우 단순한 방법이다. 만약 이 방법으로 대부분의 부모가 갈등해결의 방법을 배울 수 있게 된다면 부모들의 효율성은 증진될 수 있게 될 것이다.

민주적인 갈등해결 방법이 효과적인 이유는 다음과 같다.

- 문제해결의 동기화 : 사람은 다른 사람의 지시에 따르기보다 스스로 의사결정에 참여할 때 동기유발이 더 잘된다.
- 고차원적 해결방법 모색 : 민주적인 해결 방법이 권위주의적 방법이나 허용적 방법에 비해 갈등을 해결하는 데 차원이 높은 해결책이다. 즉, 훨씬 더 창의적이고 효과적이라는 것이다.
- 사고력 신장 : 민주적인 갈등해결 방법은 실제로 아이들에게 생각하게끔 격려한다. “지금 해결할 문제가 있다. 우리 모두 머리를 맞대고 함께 생각해 보자. 그래서 좋은 방법을 찾아보자꾸나.” 이것은 부모나 아이에게 합리적 사고의 훈련이 된다.
- 적대감의 감소와 사랑의 충만 : 두 사람이 어떤 결정에 합의하였다면 적대감은 일어나지 않을 것이고 두 사람은 그만큼 가까워진다.
- 강요의 감소 : 대체로 아이들은 실행과정에서 강요받는 일이 없고, 손해보는 것도 없다.
- 힘의 사용 감소 : 부모와 아이는 서로 대립하여 다투는 대신에 함께 일함으로써 부모의 권위에 맞서는 흔한 방법을 사용할 필요가 없게 된다.

• 독립된 인격체로서의 존중 : 이 방법은 아이들이 부모를 믿으며 부모로부터도 똑같이 믿음을 받는다고 느끼기 때문에 좋은 것이다.

④ 민주적 갈등해결 방법의 6단계

민주적 갈등해결 방법의 6단계는 다음과 같다. 부모들이 이 방법을 따를 때 부모-자녀관계에서 훨씬 더 성공적인 경험을 가질 것이다.

• 1단계 : 갈등의 확인 및 정의	• 2단계 : 가능한 모든 해결 방법의 모색
• 3단계 : 제시된 모든 해결 방법에 대한 평가	• 4단계 : 가장 좋은 해결 방법의 결정
• 5단계 : 결정된 해결 방법의 실행	• 6단계 : 실행한 해결 방법의 평가

• 1단계 : 갈등의 확인 및 정의

자녀가 민주적인 갈등해결 방법에 참여하도록 하려면 부모는 아이들의 주의를 집중시키고, 아이들이 문제해결을 위해 참여하고 싶은 마음을 가지도록 해야 한다. 그리하여 부모들은 다음의 사항을 잘 숙지하면 많은 도움을 얻을 수 있을 것이다.

- 자녀들이 바쁘거나 무슨 일에 전념해 있지 않은 편안한 때를 택함으로써 자녀들이 간섭받거나 자신의 할 일이 늦어지는 데 대해 부모에게 저항하거나 원망하지 않게 될 것이다.
- 부모는 해결해야 할 문제를 분명하고 상세하게 자녀에게 말한다.
- 부모의 느낌, 충족되지 않은 욕구, 부모를 괴롭히는 것 등에 대해 자신이 느끼는 그대로 정확하고 분명하게 아이들에게 말한다. 이때 나-전달법을 사용하는 것이 바람직하다.
- 자녀를 얕잡아 보거나 비난하는 말을 피한다.
- 부모는 부모와 자녀가 모두 받아들일 수 있는 해결책을 찾으려고 애쓰고 있다는 점을 아이들에게 분명히 전달하도록 한다. "우리는 서로 도움을 주고받을 수 있어"와 같은 해결방안 제시는 어느 편도 지는

사람이 없이 두 사람 모두의 필요를 충족시켜 줄 것이다.

• 2단계 : 가능한 모든 해결 방법의 모색

이 단계에서 중요한 것은 문제를 해결할 수 있는 방법을 다양하게 모색해 보는 것이다. 부모는 "우리가 할 수 있는 일은 어떤 것이 있을까?", "자, 문제를 해결할 수 있는 방법들을 생각해 볼까?", "어떤 해결 방법이 있는지 머리를 맞대고 생각해 보자.", "이 문제를 해결할 여러 가지 방법이 있을 것이다"와 같이 제시할 수 있다.

- 먼저 아이들이 가지고 있는 해결 방법을 알아본 후, 부모들이 가지고 있는 해결 방법을 아이들이 제시한 방법과 같이 생각해 본다.
- 가장 중요한 것은 아이들이 제시한 해결 방법을 비평하거나 얕보지 않는 것이다. 아이들이 제시한 모든 해결 방법들은 모두 받아들인다.
- 아이들이 내놓은 해결 방법 가운데 부모가 받아들이기 어려운 것이 있을지라도 이를 그대로 나타내 보이는 말을 사용하지 않도록 한다.
- 여러 자녀와 관련된 문제를 해결하려고 할 때에는 한 아이가 한 가지의 해결 방법도 제시하지 않는다면, 부모는 그 아이도 해결 방법을 제시할 수 있도록 용기를 북돋아주어야 할 것이다.
- 더 이상의 좋은 해결 방법이 나올 수 없겠다고 여겨질 때까지 여러 가지 방법을 찾는 데 최선을 다한다.

• 3단계 : 제시된 모든 해결 방법에 대한 평가

이 단계는 여러 가지 해결 방법을 평가하는 것이다. 부모는 "좋아, 이 가운데 어느 것이 가장 좋은 해결 방법으로 보이니?" 또는 "자, 어떤 해결 방법이 우리가 바라던 것인지 찾아볼까?"라고 말할 수 있다.

일반적으로 부모나 자녀 중 어느 한쪽에서 받아들이기 어려운 것을 제거하고 나면 아주 좋다고 여겨지는 한두 가지로 해결 방법이 좁혀진다. 이 단계에서 부모들은 "난 그것이 마음에 들지 않아" 또는 "그것은 내가 필요로 하던 것이 아닌데" 또는 "그건 공정하다고 생각하지 않아"와 같이 부모 자신의 느낌을 정직하게 나타내야 한다.

- 4단계 : 가장 좋은 해결 방법의 결정

각 단계에 맞추어서 부모와 자녀가 서로 정직하게 의견을 교환하면 보다 좋은 해결 방법이 자연스럽게 나온다. 어떤 때는 부모나 자녀 중 어느 한편에 대단히 만족을 주면서도 다른 편에게도 받아들여질 수 있는 매우 창의적인 해결 방법이 나오기도 한다.

최종적인 결정을 내리기 위한 몇 가지 방법을 제시하면 다음과 같다.

- "자, 이 해결 방법이 마음에 드니?", "우리 모두 이 해결 방법에 만족하는가?", "이 방법이 우리의 문제를 해결할 수 있는가?", "이것은 실천이 가능한가?"와 같은 질문과 더불어 아이들의 입장도 생각하면서 제시된 다른 방법들을 계속 음미해 본다.
- 최종적이고 도저히 바꿀 수 없는 결정을 내리지 않는다. 여러분은 "됐어, 이 방법으로 해보고 그것이 성공할지 어떨지는 계속 지켜보자", "이렇게 하면 우리는 문제를 해결할 수 있는지 한 번 시작해 보자" 혹은 "나는 이 방법대로 했으면 싶다. 너희들도 한 번 해 보겠니?"라고 말할 수 있다.
- 해결 방법에 여러 개의 요점들이 포함되었다면 아이들이 잊어버리지 않도록 아이를 위해 쓰도록 하는 것도 좋다.
- 각자가 그 결정을 내리는 데 참가하고 있다는 점을 분명히 이해하도록 한다. "좋아, 이제 이것으로 우리가 의견의 일치는 모은 것이다."

- 5단계 : 결정된 해결 방법의 실행

부모와 자녀가 서로 합의하여 결정된 사항은 구체적으로 기록해 두는 것이 도움이 될 때가 있다. 부모와 자녀는 "누가 무엇을 언제까지 한다", "이것을 실천하려면 무엇이 필요한가?", "우리가 결정한 것을 언제 실천에 옮겨 볼까?"에 대해 부모와 자녀가 모두 서명을 할 필요가 있을 수도 있다.

취침시간의 문제에 있어서는 가족들 중 누가 시계를 보고 있다가 그 시간을 알려 줄 것인지의 문제에 대해서도 합의를 하는 것이 좋다. 아이들이 자기방을 깨끗이 정돈하는 문제에 있어서는 어느 정도 깨끗하게 해야 하는가의 문제도 이야기할 수 있다. 최종적으로 결정된 방법에 대해 그 문제와 관련된 모든 사람이 의견의 일치를 보고 난 후에 실천하는 문제를 다루는 것이 가장 좋다.

- 6단계 : 실행한 해결 방법의 평가

부모는 결정된 방법에 대해 아이들이 계속 만족스러워 하는지의 여부를 알아보기 위해 아이들에게 다시 확인해 볼 필요가 있을 때도 있다. 해결 방법을 결정할 때 아이들은 나중에 실천하기 어려운 방법에 쉽게 동의하기도 한다. 부모도 여러 가지 이유로 해서 약속한 것을 실천하기가 어렵다는 점을 발견할 수도 있다.

물론 이 방법으로 갈등을 해결하는 데 있어 6단계 모두가 적용되지 않을 때도 있다. 가끔 어떤 갈등은 한 번의 시도로 해결되기도 한다. 때에 따라서는 제시된 해결 방법을 평가하는 3단계에서 최종 해결이 나오기도 한디.

이 방법으로 문제를 해결하는 데 필요한 기초적인 규칙부터 아이들에게 이야기하는 것이 더욱 효과적일 때도 있다. 부모는 한 사람이 이야기할 때 다른 사람이 말을 가로막지 않도록 동의를 구할 필요가 있다. 여러 가족이 관계되는 것이 아닌 문제일 경우는 해당되는 사람만 따로 이야기할 수 있도록 한다. 부모가 강압적으로 하지 않고 서로 의견의 일치를 보도록 노력한다. 문제를 해결하기 위한 방법을 찾고 있을 때에는 전화도 받지 않기로 하는 가정도 있다.

2) 민주사회에서의 적극적 부모 : 가족모임

민주적 가족관계는 가족구성원 모두가 의사결정과정에 참여할 기회를 가질 때 가장 효과적으로 발달한다.

가족모임은 모든 가족구성원이 정규적으로 계획하는 모임으로 가족 내에서 일어나는 문제에 대해 각자가 생각하는 바를 함께 들을 수 있는 기회도 된다. 또한 즐거운 시간을 갖고 좋은 경험을 나누고, 서로 긍정적인 감정을 나누는 데 적합한 시간이다. 그러므로 가족모임은 가족구성원의 의견을 모으며 집안에서 일어난 좋은 일을 전체에 알림으로써 가족 간에 화합을 증진시킬 수 있다.

이를 요약하면, 가족모임은 다음과 같은 기회를 제공한다.

- 듣기
- 서로 긍정적인 감정을 표현하며, 격려하기
- 가족 간에 공평하게 일 분담하기
- 관심, 느낌, 불만 표현하기
- 갈등해소 및 가족 간에 발생하는 문제 다루기
- 가족 레크리에이션 계획하기

(1) 가족모임의 기본원칙

가족모임을 진행할 때의 기본원칙은 다음과 같다.

첫째, 모든 사람은 동등한 목소리를 가진다. 부모들 자신의 권위를 포기하는 것은 쉬운 일은 아니겠지만, 가족모임에서 모든 사람이 동등한 목소리를 가지지 않고서는 일이 제대로 성사되지 않는다. 어린아이를 포함하여 모든 가족은 자신의 이야기가 잘 경청되고 있다고 느끼고, 또한 가족의 결정에 이의를 제기할 수 있다는 것을 인식할 필요가 있다.

둘째, 모든 사람은 주제에 대한 생각이나 느낌을 나눌 수 있다. 가족모임에서 어떠한 안건에 대해서도 가족구성원 모두가 자신의 생각이나 느낌을 이야기할 수 있도록 장려하는 것은 매우 중요하다. 모든 사람에게 합당하고 공정한 결정을 내리기 위해서는 반대하는 사람을 포함한 모든 사람의 의견이나 느낌을 들을 필요가 있다.

셋째, 결정은 합의에 의한다. '합의에 의한다'는 의미는 의견에 불일치가 있는 경우에 '구성원들이 모두 동의할 때까지 토론한다'는 것이다. '합의에 의한다'는 것은 표결에 부친다거나 다수결의 원칙을 의미하지는 않는다. 만약 모임에서 합의에 이르지 못할 때에는 먼저 그 안건이 보류되어 다음 모임에 다시 상정된다. 또 다른 방법은 결정과 실행이 긴급히 요구되는 경우에 가장으로서 부모가 결정하고 실행에 옮길 수 있도록 권한을 행사한다.

넷째, 모든 결정된 사항은 다음 모임 전까지는 유효하다. 가족모임에서 결정된 사항은 최소한 다음 모임에서 다시 토론되기 전까지는 그대로 효력을 발생한다. 모임이 끝난 뒤에 결정된 사항에 대한 불만이 있는 경우에는 '다음 모임에서 다시 거론하자'라고 말하면 된다.

다섯째, 어떤 사항은 부모에게 결정권이 주어진다. 어린 자녀들이 결정한 사항에 대해서 항상 부모가 수행하도록 하는 것이 가족모임의 목적은 아니다. 건강과 복지에 관한 주요 문제는 부모의 책임이고, 그에 대한 결정은 때때로 부모들만의 몫이다. 그러나 토론은 항상 허용되고 장려된다. 때때로 부모는 이미 결정된 사항을 자녀들에게 알려 주어야 한다. 예를 들어, 부모가 회사에서 전보발령을 받은 경우에 자녀들로부터 그에 대한 승인을 받을 필요가 없다. 그러나 부모는 이사에 대한 자녀들의 생각, 기분 등을 표현하도록 할 수 있고, 가족의 이사 계획에 참여하도록 할 수 있다.

부모들이 가족모임을 갖자는 의견을 자녀에게 제시하고 모임을 시작한다. 가족모임을 시작할 때 부모들이 고려해야 할 몇 가지 사항은 다음과 같다.

첫째, 처음에는 가족모임에 참가하고자 하는 사람들부터 시작한다. 어떤 상황에서는 가족구성원 중의 일부는 가족모임의 안건을 토론할 준비가 되어 있지 않거나, 모임을 갖자는 생각이 좋지 않다고 생각할 수도 있다. 그러나 이것이 모임을 갖자는 생각을 포기해야 한다는 의미는 아니다. 대부분의 구성원이 모임을 갖자는 데 동의하면 모임을 가질 수 있다.

둘째, 가족모임의 참석자는 부모, 자녀, 조부모 등과 같이 함께 사는 사람이면 모두 참석해야 한다. 다시 말하면, 가족의 일상생활에 관련된 결정에 이해관계가 있는 사람이면 누구나 참석해야 한다.

셋째, 편부, 편모 가정, 별거나 이혼상태에 있는 가족들은 부모 중 한 사람이 참석하지 않을지라도 가족모임을 개최해야 한다. 그런 경우에 어머니나 아버지 쪽에서 따로 사는 배우자와 자녀 간의 문제에 속하는 내용을 이야기하는 것을 피해야 한다. 그 문제들은 아이들과 상대편 배우자가 결정해야 할 문제이기 때문이다.

넷째, 참석할 사람 모두가 동의하는 편리한 시간과 장소를 선택한다. 모임은 모든 참가자들에게 편안한 장소, 모든 사람들이 앉을 수 있는 충분한 공간이 있는 곳에서 열려야 한다.

(2) 가족모임에서 문제를 다루는 방법

다음은 가족모임에서 문제해결을 위한 5단계이다(홍경자 역, 1995).

첫째, 문제점을 규명한다. 불만이 있는 사람이나 안건을 상정한 사람에게 문제점을 설명하라고 요구한다. '그것이 어떤 문제인가?', '무슨 일이 있었지?'라고 질문한다.

둘째, 생각과 느낌을 서로 나눈다. 구성원들은 문제점을 명료화하도록 요구하고, 불평하는 사람의 말을 숙고한다. 이런 과정을 통하여 문제에 대한 합의에 이른다. 예컨대, '우리 모두 집안의 허드렛일을 서로 돕기로 하였다'라고 했을 때, 모든 가족구성원은 그 문제에 대한 생각과 느낌을 함께 나누는 것이 된다.

셋째, 브레인스토밍(brainstorming)을 이용하여 가능한 해결책을 끌어낸다. 브레인스토밍의 과정을 통하여 구성원들은 문제에 대한 해결책을 생각한다. 비록 어리석어 보이고 실현 불가능한 아이디어가 나오더라도 이런 아이디어를 통하여 다른 좋은 대안이 산출되기 때문에 중요하다. 한 사람의 어리석은 생각은 실제적인 해결의 실마리를 제공해 줄 수 있다. 아이디어의 산출을 위해서 어느 누구도 아이디어가 '좋다, 나쁘다'라고 비판적인 말을 하지 않는다. 아이디어는 표출되기만 하면 된다. 가족구성원의 서기는 모든 아이디어가 나올 때까지 기록하기만 하면 된다. 그리고 나서 각 아이디어는 토론에 부쳐진다.

넷째, 토론과정을 거쳐 결정에 도달한다. 이제 가능한 해결책에 대한 자신들의 생각이나 느낌을 말할 차례이다. 대다수에게 받아들여지지 않는 아이디어는 버리고, 실현 가능하다고 생각되는 1~2개의 아이디어에 초점을 맞춘다. 토론은 구성원 모두가 하나의 해결책에 동의할 때까지 계속한다.

다섯째, 결정된 사항은 실행한다. 브레인스토밍과 토론에 의해서 도출된 해결책은 실행에 옮기도록 한다. 가족모임에서 채택된 해결책은 후속 모임에서 재평가되고 수정되기 전까지는 효력을 발생한다.

(3) 전반적인 진행 순서

- 개회사 및 감사의 시간 : 먼저 지난주에 가족구성원이 한 말이나 행동에 대해서 감사하는 사람이 있는지를 질문한다. 이 시간은 가족구성원의 선행에 대해서 감사의 말을 하는 시간이며, 칭찬을 통하여 서로 격려하는 시간이다.
- 회의록 낭독 : 서기에게 지난주에 기록한 회의록을 큰소리로 읽도록 한다. 회의록 낭독의 시간은 지난 모임에 무슨 일이 있었는지를 상기시켜 준다.
- 구 안건/신 안건 : 구성원에게 지난 모임에서 해결되지 못한 사항에

대하여 말하도록 한다. 미해결 과제를 '구 안건'이라고 한다. 각각에게 자신들이 하고 싶은 말을 하게 한다. 그러나 다른 사람이 이미 한 말은 반복하지 않게 되어 있다는 점을 상기시킨다.

- 용돈 : 이 시간은 엄마나 아빠가 용돈을 주는 시간이다.
- 종료 : "회의를 마치겠습니다"라고 말하고 모임을 끝낸다. 만약 모임이 지나치게 길어지면 가족이 지친다. 따라서 정해진 시간을 지키는 것이 좋다. 5~7세의 어린아이들은 10~15분, 성장한 아이들은 30~45분이 이상적이다. 대개 가족들은 모임 후에 즐거운 게임이나 맛있는 간식을 원하므로, 긍정적인 발언으로 모임을 끝내는 것이 좋다.

(4) 지도자 역할

가족모임에서는 모임을 이끌어가는 두 사람의 역할이 있다.

사회자 : 토론의 원활한 진행을 유지하고 모든 사람의 의견을 경청하도록 한다.
서 기 : 모임 내내 기록하고 모임이 끝난 뒤에 회의록을 쓰고, 다음 모임에서의 회의록을 낭독한다.

이 두 가지의 업무를 첫 모임에서는 부모가 떠맡는다. 이후에는 순서에 의해 다른 가족구성원이 사회자와 서기가 되며, 어느 한 사람이 독점하지 않도록 한다.

2. 부모용 자료

1) 체험나누기 ♥부모

-지난주 과제에 대해 부모들이 돌아가면서 발표한다.

2) 4회기 모임의 주제 및 내용에 대하여 소개한다. ▶강사

3) 부모들이 일상생활에서 자녀와 서로의 욕구가 달라서 생기는 갈등사례를 기록한 후 발표한다. ♥부모

- 예1: 부모는 일찍 일어나서 아침을 같이 먹고 싶은데, 자녀는 아침을 먹지 않고 잠을 더 자고 싶어한다.
- 예2: 부모는 주말에 푹 잠이나 자며 쉬고 싶은데, 자녀는 공원에 나가자고 한다.
-
-
-

4) 부모-자녀 간 갈등해결의 3가지 방법을 설명한다. ▶강사

〈갈등해결의 3가지 방법〉

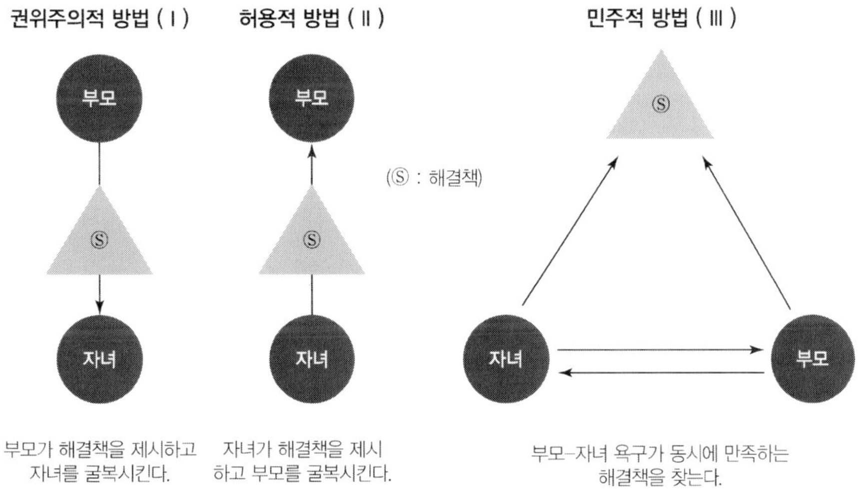

5) 현재 자녀와의 갈등 시 부모 자신은 어떤 유형의 갈등해결 방법을 사용하였나요? 그때 부모님이 사용한 방법은 효과적이었나요? 또 그때 어떤 감정을 느꼈나요? ♥부모

- 방 법 : ______________________
- 효 과 : ______________________
- 감 정 : ______________________

6) 민주적 갈등해결 방법의 6단계를 설명한다. ▶강사

민주적 해결 방법 6단계

1단계 : 욕구 확인
 –자녀의 욕구 확인 : 부모는 자녀의 욕구가 무엇인지를 경청기술을 사용하여 파악한다.
 –부모의 욕구 확인 : 부모는 나–전달법을 사용하여 자신의 욕구와 감정을 표현한다.
2단계 : 해결방법 모색 : 부모, 자녀가 생각나는대로 평가하지 않고 문제의 해결방안을 내놓는다.
3단계 : 해결방법 평가 : 각 해결방법에 대하여 부모와 자녀가 함께 평가한다.
4단계 : 해결책 결정 : 부모와 자녀가 서로 가장 좋은 대안이라고 생각하는 것을 해결책으로 선정한다.
5단계 : 실행 : 서로 합의한 해결책으로 실제에 적용한다.
6단계 : 평가 : 해결책대로 잘 되어 가는지 검토한 후 그렇지 않은 경우에는 다시 해결방법을 모색·결정·실행한다.

7) 브레인스토밍(brainstorming) 연습하기 ♥부모

자녀와 이만 원으로 하루를 즐겁게 보내는 방법을 생각한 후 적어본다.

-
-
-
-
-
-

-
-
-
-

8) 민주적 방법을 연습한다. ◉강사와 부모

4살 된 진영이는 아버지가 퇴근해서 집에 오면 함께 놀고 싶어 한다. 그렇지만 아버지는 피곤해서 좀 쉬고 싶었다. 보통 아버지는 집에 도착하면 저녁을 먹고, 잡지를 보곤 했다. 진영이는 그때마다 아버지의 무릎에 기어오르고 잡지를 구기고 성가시게 하였다.

(1) 부모와 자녀의 욕구 확인

- 부모의 욕구 : 잡지를 보며 쉬고 싶다.
- 자녀의 욕구 : 아버지와 놀고 싶다.

(2) 해결 방법 모색 및 평가

해결방법 모색	평 가	
	진영	아버지
• 30분 같이 논 후 30분 쉰다.	×	○
• 아버지가 1시간 정도 쉬고 자녀와 논다.	○	×
• 격일로 놀아준다.	○	×
• 잡지를 보는 동안 자녀는 글자 찾기 놀이를 한다.	×	○
• 주 2회 놀고 나머지는 쉰다(주말, 수요일).	○	○
• 아버지가 일찍 퇴근할 때 자녀와 같이 논다.	×	○

(3) 해결책 결정

- 주 2회(주말, 수요일) 놀고 나머지는 쉰다.

(4) 실행 및 실행의 평가

- 다음 주부터 실행한다.
- 한 달간 실행해 보고 실행평가를 한다.

(5) 위의 상황을 가지고 부모는 2인 1조로 한 사람은 부모역할, 나머지 한 사람은 자녀역할을 맡아서 역할놀이를 한다.

9) 민주적 방법의 갈등해결을 연습한다. ◉강사와 부모

(1) 다음에 부모-자녀 간의 갈등상황을 제시하여 보았다. 민주적인 갈등해결 방법의 6단계를 적용하여 보도록 한다. 부모는 자녀와 대화할 때 반영적 경청기술을 사용하여 자녀의 욕구를 알아내고, 나-전달법을 사용하여 부모의 욕구를 표현하도록 한다.

- 가족이 외출을 하려고 한다.
- 부모는 등산을 하고 싶고, 자녀들은 놀이공원에 가고 싶어 한다.

- 부모와 자녀의 욕구 확인

- 해결 방법 모색 및 평가

- 해결책 결정

- 실행 및 실행의 평가

(2) 이번에는 (1)에서 부모역할을 맡았던 부모는 자녀역할로, 자녀역할을 맡았던 부모는 부모역할로 바꾸어서 역할놀이를 한다.

> 부모는 저녁식사에 자녀들이 함께 식사하기를 원하는데, 자녀들은 좋아하는 텔레비전 프로그램 보기를 고집한다.

- 부모와 자녀의 욕구 확인

- 해결 방법 모색 및 평가

- 해결책 결정

- 실행 및 실행의 평가

(3) 마지막으로 3인 1조로 한 사람은 부모역할, 다른 한 사람은 자녀역할, 나머지 한 사람은 관찰자(기록 및 평가자)가 되어 역할놀이를 한다.

> 수철이는 방과 후 친구들과 놀다가 도중에 집에 와야 된다고 투덜된다. 어머니는 수철이가 늦게 집에 온다고 불만이다.

- 부모와 자녀의 욕구 확인

- 해결 방법 모색 및 평가

- 해결책 결정

- 실행 및 실행의 평가

10) 부모는 어린 시절 가족과 즐거웠던 경험을 회상하고 그 사례를 적는다. ♥부모

- 부모가 어린 시절에 가족과 즐겁게 보냈던 시간을 회상해 보고, 가족과 함께 한 활동의 종류를 이야기해 본다(언제, 어떻게, 무엇을, 몇 번이나 했는지……).
- 그때 부모가 느꼈던 감정은 무엇인가?
- 만약 가족모임이 없었다면 그 이유는 무엇인가?

11) 부모가 현재 자녀들과 어떤 가족모임을 가지고 있는지 기록한 후 발표한다. ◉ 강사와 부모

- 현재 부모가 자녀들과 가족모임을 가진 경험이 있는가?
- 가족모임의 긍정적 측면은 무엇인가?
- 가족모임에서 발생한 문제점은 무엇인가?

12) 가족모임의 중요성 및 그 방법에 대해 설명한다. ▶강사

가족모임의 중요성

- 관심, 느낌, 불만 표현하기
- 가족끼리 공평하게 일 분배하기
- 갈등해소와 가족 간에 발생하는 문제 다루기
- 가족 레크리에이션 계획하기
- 서로 긍정적인 감정을 표현하며 격려하기
- 가족구성원의 이야기 듣기

가족모임을 위한 지침

- 일정한 시간에 만나도록 한다.
- 의장과 서기는 돌아가면서 맡는다.
- 문제, 계획 및 결정사항을 기록한다.
- 가족모임의 시간도 함께 정한다(예: 30분).
- 모든 가족구성원은 논제에 대해 제안을 할 기회를 가져야 한다. 그리고 모든 사람이 경청한다.
- 모임이 불평하는 시간이 되지 않도록 주의해야 한다.
- 집안일을 분담할 때에는 부모와 자녀가 함께 필요한 일의 목록을 작성하고 일하는 방법을 정한다.
- 가족모임에서 일단 결의된 사항은 다음 모임까지(대부분 1주간) 효력을 발생하게 된다.
- 모임에서 결정된 것에 대한 불평은 모두 다음 모임까지 연기되어야 한다.
- 가족구성원은 중요하다고 생각되는 현실적인 문제를 제기할 기회를 가져야 한다.
- 가족모임은 집안일의 분담과 문제해결과정 이상이라는 것을 확신시켜야 한다. 그러므로 가족 내에서 일어난 좋은 일을 알림으로써 구성원을 격려한다.

13) 가족의 문제를 다루는 방법, 가족모임의 진행순서, 회의록 작성에 대해 설명한다. ▶강사

가족모임에서 문제를 다루는 방법

- 문제점을 규명한다.
- 문제에 대한 생각과 느낌을 서로 나눈다.
- 브레인스토밍(brainstorming)을 이용하여 가능한 해결책을 끌어낸다. 모든 가족구성원의 아이디어 산출을 위해 '좋다, 나쁘다'라는 비판적인 말은 하지 않는다.
- 토론과정을 거쳐 결정에 도달한다. 가능한 해결책에 대한 생각과 느낌을 말하고 가족구성원 모두가 하나의 해결책에 동의할 때까지 계속한다.
- 결정된 사항은 실행한다.

일반적인 진행순서

- 개회선언
- 지난 회의 결정사항 확인
- 새로운 안건
- 토의
- 결정
- 기타사항
- 폐회

가족모임 회의록 <예 1>

4월 8일 (토요일)

- 사회자 : 엄마

- 이번 여름휴가는 2박 3일 지리산 콘도로 가기로 한다(8/21~23).
  - 준비물 분담 : 세면도구, 옷, 음식, 자동차정비, 의약품 등
  - 일정 및 식단 작성 : 3일간의 일정 및 식단을 작성한다.

가족모임 회의록 〈예 2〉

일시	11월 23일(토)	장소	거실		
참석자	아빠, 엄마, 딸, 아들	사회자	아들	서기	아빠
지난주 반성					
새로운 안건	가족의 건강				
토의	1. 가족 모두 줄넘기를 해요. 2. 주말에 등산을 해요. 3. 아침 운동을 해요. 4. 담배를 끊으세요. 5. 술을 조금만 드세요. 6. 맛있는 음식 해주세요. 7. 일찍 자고 일찍 일어나세요.				
결정사항	1. 1달에 1회 가족등반하기 2. 가족 아침 운동하기(30~40분) : 주 2회 이상 3. 술, 담배 줄이기				
좋은 일 광고	•엄마, 아빠 결혼 10주년을 축하합니다. •가족모임에 맛있는 간식 준비 해주신 엄마께 힘찬 박수를!	평가	•즐거운 마음으로 했나요? •토의할 안건을 사전에 알렸나요? •이야기를 경청했나요?		

14) 강사는 오늘 다루었던 내용에 대하여 종합적으로 정리한 후, 부모가 질문사항이나 소감에 대하여 발표하게 한다.

◉ 강사와 부모

15) 과제를 전달한다. ▶ 강사

-오늘 학습한 내용들(민주적 갈등해결 방법, 가족모임)을 가정에서 한 가지 적용한 후 기록하여 다음 모임에 가져온다.

16) 가족활동: ♥ 부모

-가족들이 함께 동물원이나 식물원에 가서 동물이나 식물을 관찰하고, 사진을 찍거나 그림을 그리며 즐거운 시간을 가진다.

Chapter
09

5회기:
자녀의 발달단계에 따른 부모의 역할

1. 이론적 배경

부모는 자녀가 태어나서 가장 먼저 만나는 사회적 환경으로 자녀의 성격, 행동, 학업 그리고 삶과 타인에 대한 태도 및 가치관에 영향을 크게 미치는 일차적 인적 환경이다. 따라서 부모로서의 역량과 역할이 무엇인지를 이해하고, 자녀를 위한 양육 및 교육을 하도록 지원하는 것이 중요하다(김수진 외. 2018).

1) 부모역할의 개념

아동은 부모의 가치관과 양육태도를 통해 자신의 가치관과 생활규범 등을 익히면서 한 인간으로서 성장과 성숙을 이루어간다. 부모의 양육태도는 자녀의 인지, 언어, 사회, 정서, 도덕성 발달에 중요한 영향을 미치므로 부모역할은 자녀의 발달에 지대한 영향을 주게 된다.

(1) 체계이론

가족을 체계로서 이해하려는 체계이론의 기본 가정은 어떤 체계이든 전체로 조직되어 있으며, 전체의 구성요소들은 '모빌'처럼 의존적일 수밖에 없다고 하였다. 즉, 모빌은 각 요소 하나하나가 전체로 연결되어 있어서 한 요소만 건드려도 전체가 움직이는 파장을 가져오게 되며, 특히 크고 무게가 있는 조각이 움직일 때 작은 조각에게 밀려오는 파장은 더 큰 것이 된다. 이것은 부모와 자녀의 역동적이며 쌍방적인 부모역할의 중요성을 단적으로 대변해 주는 가정이라 할 수 있다.

(2) 생태학적 이론

생태학적 접근에서는 '환경속의 인간'이라는 총체적인 인간관을 전제로 인간의 성장과 발달을 촉진하는 물리적·사회적 환경들에 관한 연구들이 수행되었다. 생태학적 이론의 핵심은 관계이다.

관계는 인간관계를 형성하거나 타인과 연결될 수 있는 능력으로서, 관계를 맺고자 하는 욕망과 능력은 초기의 양육과정에서 시작되고 일생을 통하여 상호적 양육행동의 유형을 결정한다.

(3) 사회·인지적 이론

사회·인지적 측면에서 부모의 태도와 신념, 가치관 등은 아동발달에 영향을 미치는 부모행동의 요인이다.

부모가 부모양육에 관한 지식을 형성하면 그 지식에 의해 신념을 형성하게 되고, 그 신념에 따라 부모의 역할이 도출되며, 아동의 발달에 영향을 미치는 과정으로 설명한다.

부모역할 지능(parental intelligence)은 부모가 사회적 상황에서 갈등이 발생하여 문제해결이 필요할 때 이를 해결하기 위해서는 고정화된 패턴이 아닌 다차원적인 접근으로 문제를 해결하는 것이다. 특수아의 문제는 상황마다 배경변인이 다른 것은 물론 어떤 변수가 있을지 모르기 때문에 문제해결을 위해서 부모역할 지능이 필수적일 것이다.

부모역할 지능의 3종류(백경숙·윤지영. 2004)는 다음과 같다.

첫째, 양육역할로 부모가 자녀의 물리적·정서적 욕구에 대해 어떻게 적절한 사회적·물리적 자원을 제공할 것인가에 관한 역할이다. 부모는 자녀의 기본 욕구를 충족하고 안전감을 느끼도록 환경을 창조해주는 것이다.

둘째, 관리역할은 유아발달의 맥락에서 아동의 행동을 관리하는 관리자 역할이다. 일반적 관리결정은 자녀가 하루를 어떻게 보내는가와 같은 보통의 조직적 과제를 포함한다. 집행적 관리결정은 의사결정과정에서 아동이 어느 정도의 역할을 할 것인가를 포함한다.

셋째, 발달자극역할은 양육대상에게 기대되는 잠재적 변화와 일치하는 발달 변화를 일으키기 위한 목적의 안내, 보호. 돌봄의 제공이다.

특수아 부모의 역할은 다음과 같이 7가지로 요약할 수 있다(조윤경·김수진. 2017).

첫째, 자녀를 가르치는 교사의 역할을 한다. 가족구성원들은 특수아동과 매일 접촉하기 때문에 초기 아동기에는 가족이 첫 번째 교사가 된다. 많은 일반아동들이 우연히 기술을 습득하지만, 특수아동들에게 학습이 일어나도록 하려면 직접 그 과제를 가르쳐야 한다.

둘째, 자녀의 상담자 역할을 한다. 특수아동의 부모는 정서, 감정, 태도 등을 다루는 일상적 상담자 역할 이외에, 장애로 인해 정도가 심한 정서, 감정 그리고 태도도 다루어야 한다. 부모는 아동이 장애를 갖고 일상생활을 해 나갈 수 있도록 안내해야 한다.

셋째, 자녀의 행동관리를 해야 한다. 부모가 아동을 사회에서 기대하는 방향으로 행동할 수 있도록 훈련시키는 과정에서 수행하는 보통의 역할 이상을 요구하는 것이다. 특수아동의 부모는 먼저 행동에 대처하는 방법을 배워서 아동을 가르치고, 나아가 주변 이웃들을 가르칠 수 있어야 한다.

넷째, 비장애형제가 있는 경우 비장애자녀의 양육을 담당해야 한다. 부모는 장애자녀와 비장애자녀 모두가 잠재력을 충분히 발휘할 수 있도록 양육하는 방법을 배워야 한다. 양육하는 과정에서 부모는 비장애자녀에게 장애 자체에 대해서 그리고 그러한 장애가 장애를 갖고 있는 형제, 가족, 그리고 비장애형제에게 어떤 영향을 주는지에 대해 가르쳐야 한다.

다섯째, 부부 간의 관계 유지를 위해 노력해야 한다. 자녀가 있으면 부부로서 부모들이 서로 같이 할 수 있는 시간이 줄어든다. 장애자녀가 있을 경우에는 그 시간이 더욱 줄어든다. 그러나 서로 시간을 갖기 위해 부모는 특수아동을 믿을만한 보호상황에 잠시 맡겨놓을 수 있어야 한다. 그럴 경우, 부모는 시간을 내서 그 보호자에게 부모역할을 교육해야 한다.

시간 이외에 돈도 문제가 된다. 장애유형에 상관없이 장애아를 돌보는데 보통 많은 비용이 소요되므로 부부로서 부모가 시간을 보내는데 필요한 돈이 감소함을 의미한다.

여섯째, 주요 주변 사람의 교육을 담당해야 한다. 부모가 장애자녀를 돌보는 사람들을 교육시켜야 하는 것처럼, 가족구성원과 주변에 자주 장애자녀와 접촉하는 사람들도 교육을 시켜야 한다. 장애아동은 생활의 일관성을 필요로 하는데, 이것은 가족구성원과 이웃이 함께 특수아동에게 같은 방식으로 교육받고 반응할 때만 가능하다.

마지막으로 학교, 지역사회와 연결하는 역할을 담당해야 한다. 부모의 역할은 아동을 위해 주장을 하는 것이다. 누구도 부모만큼 아동을 잘 알지 못한다. 그렇기 때문에 학교나 지역사회는 특수아동의 이익을 위해서나, 학교나 지역사회의 이익을 위해서라도 부모의 적극적인 협력을 구해야 한다. 특수아동을 위해 일하는 사람 모두가 일관된 방식으로 행동할 때, 특수아동은 혜택을 받을 수 있다.

2) 부모역할에 영향을 미치는 요인

생태학적 이론가 브론펜브레너(Bronfenbrenner)는 대부분의 부모들은 아동이 성장함에 따라 부모-자녀 간에 이루어지는 상호작용에서 보다 넓은 체계의 영향으로 점차 증대된다고 하였다. 그중에서 가장 중요한 것은 부모와의 정서적 유대감이다. 대부분의 부모들은 자녀와 강한 정서적 유대를 형성하고 있지만 그 정도의 차이를 보이는데, 벨스키(Belsky)는 부모의 특성, 자녀의 특성 그리고 사회적 환경의 세 가지 요인이 그 차이를 결정하는 요인이라고 들고 있다.

(1) 부모의 특성

① 부모의 성격

성격이란 개인이 갖고 있는 선천적 요인과 타인 및 환경과의 상호작용을 통해 한 개인이 형성하는 독특하고도 일관성 있게 나타나는 행동양식으로 환경과 유전의 영향으로 형성된다.

첫째, 신경증 요인으로 개인이 심리적 고통이나 비현실적인 생각, 과도한 충동이나 부적응적 대처반응에 얼마나 취약한가를 반영하는 것이다.

둘째, 순응성 요인으로 사고나 감정행동에서 타인에 대해 공감하고 조화를 이루고자 하는 상호관계적 성향을 반영하는 것이다.

셋째, 경험에 대한 개방성 요인으로 새로운 것에 대한 개방적인 정도를 나타내는 것이다.

넷째, 성실성 요인으로 한 개인이 높은 성취기준을 설정하고 이를 달성하기 위해 노력하는 정도를 나타내는 것이다.

마지막으로 외향성 요인은 상호작용의 양이나 강도, 활동수준, 자극에 대한 욕구나 기쁨에 대한 수용 능력을 반영하는 것이다.

② 부모의 신념과 태도

신념은 부모가 진실이라고 믿는 생삭이나 지식을 포함한다. 자녀양육방법, 아동발달, 부모-자녀관계나 형제관계 등의 다양한 측면에 대한 부모의 생각을 포함하는 것이다.

부모가 된다는 것이 무엇을 의미하는가와 관련된 것으로 부모의 양육행동을 주도하는 힘을 의미하며, 태도나 신념에 근거한 것으로 칭찬과 체벌과 같은 대상에 대한 긍정적·부정적 평가 차원을 의미한다.

③ 근원가족에서의 경험

부모역할은 자신이 출생한 근원가족에서의 경험과 관련이 있다. 안정

애착을 형성한 성인들은 그들의 자녀와 안정애착을 형성한다. 그러나 부모와 좋지 못한 관계를 형성한 사람들은 자녀와의 상호작용에서 결함을 보이는 경우가 있다.

(2) 자녀의 특성

첫째, 성별요인으로 성별에 따라 아동을 대하던 방식에서 성별과 무관하게 동일한 기준으로 양육하려는 경향을 보이고 있다.

둘째, 출생순위요인으로 부모들은 첫째 아이에게 더 엄격한 양육의 기준을 두는 경우가 많다.

셋째, 기질요인으로 아동의 기질과 부모의 성격이 조화로우면 자녀양육의 어려움이 덜하고, 관계의 조화로움에 문제가 있을 때에 더 많은 스트레스와 어려움을 경험한다.

(3) 사회변화

① 여성취업률의 증가

여성들의 취업이 증가하면서 자녀양육보다는 직업적 성취에 더 많은 비중을 두고, 맞벌이 부부들은 자녀에 대한 양육에서 지나치게 익애적이거나 허용적인 태도를 보여 문제가 되고 있다.

② 핵가족화 및 소가족화

산업화와 도시화로 인해 대가족체제의 붕괴는 자녀양육자의 부재를 초래하며, 전통적으로 자녀양육을 담당하던 여성들도 자녀양육의 책임을 전적으로 담당하지 않으려고 하고, 남성들은 자녀양육의 책임을 공동으로 책임지고 있지 않아서 자녀양육의 문제가 나타나고 있다.

③ 이혼율의 증가

가족의 가치보다 개인적인 성취에 더 많은 가치를 두면서 결혼을 통한 가족이 더 이상 안정적이지 못하고, 높은 이혼율은 아동의 성장 및 발달과 부모역할에도 큰 영향을 미친다. 또한 한부모 가족이나 계부모 가족의 증가로 인해 가족 내 갈등도 반복적으로 나타나고 있다.

④ 사회변화가 부모에게 주는 영향

교육수준의 향상으로 중산층 이상의 부모-자녀관계는 보다 수용적이고 평등한 반면에, 저소득층은 복종을 요구하는 권위주의적인 경향을 나타낸다.

3) 특수아 가족의 생애주기별 지원

특수아 가족은 특수아의 발견이 생애 초기이거나 성장기에 이루어진다. 그러므로 특수아 발달 시기에 따라 요구와 가족역할이 달라질 것이며, 지원 종류도 다르게 적용될 필요가 있다. 생애주기에 따른 가족지원은 특수아를 둘러싼 가장 중요한 체계를 이해할 수 있으며, 일반적인 삶이 어려운 특수아에게 가족이 참여하고, 지원받음으로써 삶의 질을 향상시킬 수 있다(김수진 외. 2019).

(1) 생애주기별 가족역할

① 영유아기(0–5세)

- 이 시기에 장애를 처음 알게 된 부모는 먼저 정확한 진단을 받기 위해 병원을 가게 되고, 이후 형제나 친지들에게 알리는 과정을 거친다.
- 진단이 확정되면 서비스를 받기 위해 시간을 할애하고, 장애에 대한 긍정적인 의미를 발견하고, 의사결정을 해야 하는 시점에 정확히 할 필요가 있으며, 낙인의 문제에 대처할 것을 생각하는 시점이다.
- 반면 비장애형제에게는 부모의 관심이 줄어들게 되어 그들의 욕구에 대해 부모의 시간과 에너지의 할애가 줄어든다. 이에 대해 비장애형

제는 질투를 느끼게 되고, 장애에 대한 잘못된 이해와 관련 두려움을 갖게 된다.

② **아동기(6-12세)**

- 부모는 가족기능을 위해 일상적인 생활을 조정하고, 교육에 관련된 문제에 적응하고, 일반학급 통합과 특수학급 분리에 따른 문제를 분명히 해야 하고, 개별화교육에 참여함과 동시에 지역사회자원을 찾고 활용한다.
- 비장애형제들은 그들의 신체적 보호 욕구에 대한 책임을 스스로 분담하고, 레크리에이션과 여가를 위한 가족의 지원이 제한되는 것을 느끼고, 동생이 특수아 형이나 누나를 앞지를 가능성이 보인다. 또한 특수아 형제와 같은 학교에 다니게 되면서 발생되는 문제가 생기며, 장애에 대한 여러 정보를 얻고자 한다. 이러한 정보는 학교 적응에 도움을 주는 방안을 기본으로 하여 청소년기를 앞둔 시점에서의 부모역할 등을 포함한다.

③ **청소년기(12-21세)**

- 부모는 장애조건의 만성화 가능성에 대해 정서적으로 적응하는 것이 요구되고, 성적인 문제 등장에 대한 이해를 해야 한다.
- 또래의 거부와 배제 가능성에 대해 대처하고, 직업생활과 여가생활을 계획하고, 신체적 및 정서적 변화에 대처할 필요가 있다. 즉, 학교교육 이후의 생활에 대한 계획이 중요한 시점이라고 할 수 있다.
- 형제는 서로에 대한 과잉 동일시 현상이 나타나고, 사람들 사이의 차이점에 대한 폭넓은 이해가 되는 시점이기도 하다.
- 장애의 영향이 직업선택에 영향을 주어 형제를 위한 직업을 선택하기도 하고, 전혀 다른 직업을 선택하는 경우도 발생한다.
- 형제로 인한 낙인의 가능성에 대비하고, 형제훈련 프로그램에 참여하

여 장애에 대한 이해뿐만 아니라 자신의 정서에 긍정적인 인식의 계기를 마련하기도 한다.

④ 성인기(21세 이후)

- 부모는 특수아의 성인기가 도래하면 후견인이 필요함을 인식하고 준비하게 된다.
- 또한 성인으로서의 적절한 주거형태를 구상하며, 가족 밖에서 사회화의 기회를 가질 수 있도록 대처하기 위한 모색을 하고, 취업이나 직업훈련 프로그램을 시작하게 된다.
- 형제는 재정적 지원에 대해 책임을 질 가능성에 대해 고려하고, 유전적 문제와 관련된 걱정이 있어서 이에 대한 해결책을 나름 가지게 된다. 결혼을 하게 되면 새로운 가족을 특수아에게 소개하고, 직업과 주거문제에 대한 정보를 갖고자 하고, 형제들의 옹호인으로서의 역할을 분명히 하고자 하며, 자신들이 후견인이 될 가능성이 높다.

(2) 생애주기별 지원체계의 현황

- ‘장애아동복지지원법’은 장애에 대한 인식개선에서부터 장애인에게 태어나서 죽을 때까지 지원하기 위해 각 분야별 연계와 지속적인 지원체계 토대가 되는 법이다.
- 현재 우리나라에서 구축된 장애인 지원체계는 보건복지부, 교육부, 고용노동부에서 주관하고 있다.

① 보건복지부 산하 서비스 전달체계

- 보건복지부는 의료기관의 진단판정 서비스를 기준으로 취학 전엔 장애전담어린이집을 포함한 어린이집, 초중등 학령기엔 장애인복지관 등 지역사회복지관과 연계되어 서비스를 받을 수 있다.
- 청소년기엔 직업훈련센터와 자립생활지원센터로 재활공학지원센터와

연계되어 있고, 성인기엔 그룹홈 형태로 지원이 가능하다.

② **교육부의 지원서비스 전달체계**

- 교육부는 특수교육지원센터의 진단판정 서비스를 통하여 유치원, 유아특수학교, 특수학교 유치부와 연계되어 지원하고 있으며, 일반학교와 특수학교 그리고 학교 기업형 직업훈련실과도 연계되어 있다.

③ **고용노동부의 지원서비스 전달체계**

- 고용노동부는 취학 전과 초중등 학령기는 연계되어 있지 않고, 청소년기와 성인기가 되면 장애인고용촉진공단의 개입으로 직업훈련원에서 훈련을 받을 수 있는 지원체계가 된다.

(3) 특수아 가족지원 유형

특수아를 위한 가족지원의 유형은 정보제공, 교육 및 훈련, 사회·정서적 지원, 주간 단기보호 프로그램으로 살펴볼 수 있다.

① **정보제공**

- 가족 중 특수아가 탄생하게 되면 가족구성원들은 특수아에 관한 다양한 정보를 얻고자 한다. 이들을 위해 장애와 관련된 지식이나 중재를 위한 최선의 실제 등에 대한 정보를 일목요연하게 정리하여 제공하는 것이 필요하다.
- 또한 특수아 가족들이 제공받을 수 있는 서비스를 알려주고, 자신들의 권리에 대한 정보, 유사한 장애를 가진 다른 가족들에 대한 정보를 알고, 이들과 교류하는 것은 매우 중요하다.

② **교육 및 훈련**

- 특수아 가족들에게 교육 및 훈련 프로그램은 절대적으로 필요하다.

이러한 프로그램들은 많은 가족들에게 실질적인 도움을 주고 있으며, 그와 더불어 특수아 부모들이 가장 원하는 프로그램이라고 할 수 있다.

- 대부분의 프로그램은 특수아의 발달과 학습에 직접적인 영향을 미칠 수 있는 것으로, 가정과 지역 내에서 의사소통이 가능하게 하고, 그 외의 전반적인 발달 영역의 발달을 위한 일반적 접근 방법과 특정 전략과 실천과정을 교육하고 훈련한다.
- 또한 문제행동 관리, 자기옹호 훈련 등의 내용이 포함된 프로그램들도 추가되어야 할 것이다. 이와 같은 프로그램들로 교육을 받은 특수아 부모들은 긍정적인 자세로 자녀양육을 할 수 있게 된다.

③ 사회·정서적 지원

- 특수아의 부모는 사회적·정서적 지원이 절대적으로 필요함에도 불구하고 실제로는 적절한 지원을 찾기 어렵다. 이들을 위한 지원들은 개별가족의 상황에 맞게 제공되어야 하며, 어떤 가족은 자신들의 장애에 대한 치유의 정도를 상담받고자 할 수도 있다.
- 대부분의 특수아 부모들은 자신들이 겪고 있는 이 엄청난 상황에 대해 공감받고 이해받기를 원하며, 더 나아가 비편견적인 제언을 해줄 수 있는 사람과의 좋은 관계를 통해서 가장 큰 정서적 지원을 받을 수 있다.
- 그러므로 가족지원 프로그램은 특수아 부모들이 주저함없이 적극적인 마음으로 여러 가지를 이야기할 수 있는 공동체 형성을 지원해 줄 수 있어야 한다.

④ 주간 단기보호 프로그램

- 특수아 가족들은 때때로 특수아의 양육의무로부터 해방되기를 원한다.

2. 부모용 자료

1) 체험나누기 ♥부모

- 지난주 과제에 대해 부모들이 돌아가면서 발표한다.

2) 5회기 모임의 주제 및 내용에 대하여 소개한다. ▶강사

3) 특수아인 자녀의 양육 및 교육을 위하여 부모가 해야 할 역할에 대하여 5가지 정도 생각하고 적는다. ♥부모

4) 부모교육자가 자녀의 발달단계에 따라 부모가 해야 할 역할에 대하여 설명한다. ▶강사

- 영유아기 부모역할
- 아동기 부모역할
- 청소년기 부모역할
- 성인기 부모역할

5) 먼저 강사가 한 가지 성공사례와 실패사례를 제시한 후, 각 부모들이 돌아가면서 자녀양육 및 교육에 관한 한 가지 사례(성공사례 혹은 실패사례)를 발표한다. ◉ 강사와 부모

6) 강사가 부모들이 한 명씩 돌아가면서 아래에 제시한 부모의 자세를 한 가지씩 읽도록 한 후, 강사는 보충하여 설명한다. ◉ 강사와 부모

부모가 먼저 바람직한 자세들을 갖게 될 때 그 부모의 자녀는 자신이 가진 잠재력을 최대한 발휘하여 행복한 삶을 영위할 수 있게 된다.

특수아동에게 도움이 되는 부모의 자세 21가지

- 자녀의 무능력을 책망하지 않는다.
- 장애자녀와 함께 생활하는 것을 좋아한다.
- 아동 스스로 하는 일에 극성스럽게 간섭하지 않는다.
- 장애자녀나 다른 정상자녀를 특별대우하지 않는다.
- 항상 자녀의 처지에서 생각한다.
- 부모 자신의 사회적 체면을 앞세우지 않는다.
- 자녀 앞에서 그 장래에 대한 우려를 표시하지 않는다.
- 자녀의 앞날(생계)을 위한 장기 대책을 마련하고 추진한다.
- 항상 명랑하게 자녀를 대한다.
- 자녀의 발달을 장기적으로 지켜본다.
- 여러 사람들 앞에서도 장애자녀를 떳떳이 데리고 다닌다.
- 자녀에게 지나친 요구를 하지 않는다.
- 자녀를 주로 칭찬한다.
- 작은 변화와 발전에도 감탄하고 만족한다.
- 다른 아동과 비교하여 남의 아이를 질투하지 않는다.
- 특수아동의 복지향상을 위한 일에 앞장선다.
- 부모의 활동에 적극적으로 참여한다.
- 자녀 앞에서 학교나 교사의 좋은 점을 자주 이야기한다.
- 자녀가 할 수 있는 일을 많이 시킨다.
- 일관성 있는 말과 행동으로 자녀의 좋은 모델이 되도록 노력한다.
- 장애인교육에 관한 연수 등을 통해 끊임없이 자기성장을 도모한다.

출처: 김수진 외. 2019.

7) 강사는 오늘 다루었던 내용에 대하여 종합적으로 정리한 후, 부모가 질문이나 소감에 대하여 발표하게 한다. ◉ 강사와 부모

8) 과제를 전달한다. ▶ 강사

- 오늘 학습한 내용들(자녀발달단계에 따른 부모역할, 부모의 자세)을 가정에서 한 가지 적용한 후 기록하여 다음 모임에 가져온다.

9) 가족활동: ♥부모

- 주말에 공원산책, 가족여행, 놀이공원 등의 외부 활동을 한 가지 계획하여 모든 가족이 함께 실천한다.

Chapter 10

6회기: 부모들 간의 상호지원

1. 이론적 배경

1) 부모역할의 변화 추세

(1) 부모역할의 변화 추세

시대의 변화에 따라 자녀훈육도 변화하고 있다. 이런 추세에 부모역할의 변화를 이해하는 것도 매우 중요하며 필요할 것이다.

부모는 가정의 중추적인 역할자로서 가정의 행복, 건강, 심리적 안정, 예의범절, 사고방식, 기본습관 함양, 인간관계들을 교육해야 할 책임이 있으므로, 자녀의 교사, 친구, 상담자, 인생의 선배 등으로서 좋은 환경을 제공하는 역할을 해야 한다(이영호·김혜숙. 2015).

부모의 역할은 학부모 회의의 참여만이 아니라 학동기에는 심리적 안정, 합리적 사고, 학습경험 제공 등과 같이 자녀의 교육수행에 있어 부모가 잘 가르칠 수 있는 수업 방법을 하는 것은 중요하다. 장애아동의 교육과 재활의 팀구성원으로서 부모는 전문가에게 관찰한 정보를 제공하고 실제적인 기능이나 학습이 가정에서 적용되는지 관찰하여야 한다.

부모의 역할을 몇 가지로 나누어 살펴보면 다음과 같다(이영호·김혜숙. 2015).

첫째, 팀구성원으로서의 부모역할이다. 부모는 누구보다도 귀중한 정보를 가지고 있어 전문가에게 평가나 치료의 기초자료를 제공하고, 교육과정에서 적극적인 역할 그리고 학교에서 배운 기능이 가정에서 적용되는지를 알아보는 역할을 한다.

둘째, 사회적응자로서의 부모역할이다. 과잉보호 또는 냉담한 태도에 치우치지 않고, 장애자녀의 감정에 충분한 공감과 지원, 격려를 해주어 자녀가 장애를 극복하고 사회적응을 잘 할 수 있도록 도와줄 특별한 책임이 있다.

셋째, 권리옹호자로서의 부모역할이다. 장애자녀의 공통된 요구를 사회나 학교가 책임을 질 수 있도록 주장하고, 자녀가 인간으로서의 당연한 권리를 누릴 수 있도록 하는 역할이다. 부모단체를 형성하여 전문가들이 하기 어려운 입법이나 정치적 영향력을 행사한다.

넷째, 의사결정자로서의 부모역할이다. 의사결정은 장애자녀의 치료나 교육, 재활 등 자녀의 복지와 관련된 권리나 사회참여 등에 관한 의사결정을 수행한다.

다섯째, 다양한 경험제공자로서의 부모역할이다. 장애로 인해 부족한 감각 자극(듣고, 만지고, 맛보고, 균형 잡기 등)과 또래집단 활동, 견학 등의 사회적 경험을 충분히 제공해서 긍정적인 자아개념을 발달시킨다.

과거에는 부모와 교사 간에 대화 및 참여가 부족했으나 현재의 부모들은 학교교육에 참여를 바라며 교사나 전문가들도 부모의 참여가치를 인정하고 있다. 특수아를 가진 부모와 가족들에 대한 인식과 이해를 증진하는데 부모와 교사 간의 관계가 교육적이어야 하고, 상호보완적이며, 진정으로 이해하는 입장을 견지하고 지원하는 수평적 관계이어야 한다.

2) 부모들 간의 자발적 상호부조 집단의 중요성

동병상련의 입장에 있는 부모들과의 상호작용은 어떤 도움보다 실제적인 도움이 될 수 있다.

어느 누구도 가족만큼 절박하지 않다. 장애아동의 삶의 질이나 복지를 위한 정책입안이나 실시에 가족의 참여는 너무나 중요하다. 아직도 우리나라는 일차적인 보호제공자가 가족이며 가족의 돌봄에 거의 의존하고 있기 때문이다.

그러나 이 또한 가족들의 결집된 힘이 없으면 현실성이 없다. 어떤 모임이나 단체, 조직이 하루아침에 금방 만들어져서 즉시 힘을 발휘하지는 않는다. 정말 아쉬워하고 필요로 하는 한 사람 한 사람이 참여하고 모이고 의지가 결집되어 행동할 때 가능해진다. '나 한 사람 쯤이야, 내가 하지 않아도, 내가 뭘..., 내 아이만 어떻게든지..., 모여봤자 어떻게 우리가...'하는 생각에서 벗어나야 한다.

이제는 보다 적극적으로 가족들이 참여하고, 공부하고, 진지하게 의논하고, 도움을 요청하면서 가족자조모임을 활성화시켜 나가야 한다. 이러한 작은 가족모임들이 연맹을 결성하고 나중에는 무시 못할 압력단체로 성장하게 되는 것이다.

그리하여 단결된 힘은 지역에서부터 장애인에 대한 잘못된 인식과 편견을 없애나가는 운동과 교육 및 환경 개선운동을 전개해야 한다. 예를 들어, 지역의 지방자치단체에 장애아동을 올바르게 알리는 홍보물을 제작하여 각 구청, 주민센터, 통장, 반상회 등에 배부하고 장애아동을 위한 교육시설이나 주간보호소 및 어린이집 등에도 관심을 가지도록 하며, 지역 민간방송단체나 KBS, MBC, SBS와 같은 TV 및 언론사 등에도 홍보방송을 해줄 수 있도록 관심을 촉구하여야 한다.

장애인에 대한 편견을 부추기는 보도나 신문기사들에 대한 감시역할을 해나가는 활동들은 장기적인 안목에서 필요하다. 그렇게 함으로써 장애인이 회피대상이 아닌 함께 더불어 사는 이웃이라는 인식의 공감대가 확산되어 나갈 수 있기 때문이다(이영호·김혜숙. 2015).

(1) 장애아동 부모단체의 필요성

장애아동 부모단체의 필요성은 다음의 몇 가지 사항에서 비롯된다.

첫째, 장애아동의 권익을 위한 대변자 역할이다. 무엇보다도 장애아동은 자신의 이해와 요구를 사회적으로 표현할 수 없기 때문에 이를 대신 수행해 줄 집단이 필요하다. 이는 아이가 태어나서부터 죽을 때까지 일관되게 요구되는 것이다. 의료, 교육, 직업, 주거, 여가생활, 결혼, 성 등 모든 영역에서 이들은 일정 기간 보호자가 필요하며 권리주장을 대신하여 줄 집단이 필요한 것이다.

둘째, 심리적 지지 제공자의 역할이다. 과거 장애아동 부모들은 자녀의 장애를 본인의 잘못이나 운명 탓으로 돌리고 수동적인 입장에서 아이를 보호하였으며, 사회적으로는 아이의 장애를 숨기곤 하였다. 그러나 동병상련의 입장에 있는 부모들과의 상호작용은 장애아동 부모들에게 상당한 심리적 지지를 제공한다. 즉, 같은 입장에 있는 부모들과의 정보교환, 경험의 공유, 심리적 지지는 부모들 개개인들에게 자신의 왜곡된 생각과 태도를 변화하고 보다 성장하는 데 훌륭한 변화 매개체가 된다.

셋째, 장애아동 복지와 권익을 위한 행동자 역할이다. 오늘날 많은 조기교육의 등장과 특수학교의 증가 그리고 이를 통한 정보의 왕성한 교류가 이루어졌음에도 불구하고 여전히 장애아동을 위한 시설, 기관, 환경은 열악하다.

이제 부모들은 객관적인 입장에서 자녀의 장애를 바라보아야 한다. 이러한 환경 속에서 무엇보다도 장애아동에 대한 사회적 책임을 인식해야 한다. 이러한 사회적 책임의 일차적 대상은 교육문제이다. 오늘날 많은 장애아 부모들은 스스로가 국가에 대하여 성실한 납세의 의무를 수행하면서도 왜 자신들의 자녀가 교육받을 권리를 박탈당하는지에 대하여 진지하게 인식하기 시작하였다.

또한 왜 장애아동을 입학시키기 위해서 교직원들의 눈치를 보아야 하는지, 왜 교사가 아이의 장애를 이유로 교실 밖으로 아이를 내모는지에 분개하며 권리옹호를 위한 행동을 생각한다. 이러한 모순에 대한 분노는 특수학교 증설운동과 특수교육진흥법 개정운동으로 확산되었고, 이제는 통합교육운동으로 번져가고 있다.

사회적 책임 다음으로 부모들이 인식하기 시작한 것은 장애아동 부모로서의 권리이다. 이것은 자녀가 장애아동이 된 이유가 결코 부모의 잘못이 아니라는 것에서 출발되었다. 난산이 원인이 되었을 것이라는 부모들도 그것이 의료행위 과실일 수는 있어도 부모의 잘못은 될 수 없다는 것을 알게 되었다. 원인불명이 90% 이상이라면 결국 부모의 잘못이나 책임이 아니라는 것을 부모들은 인식해 가고 있다.

개인의 잘못된 어떠한 행위가 개입되지 않은 상태에서 개인에게 닥친 불행에 대하여 어떻게 사회는 모든 책임을 개인에게 돌릴 수 있단 말인가? 결국 이것은 사회적 책임이며, 사회가 아이들에게 책임지지 않는 것에 대해 부모가 대신해서 아이를 책임지고 있기 때문에 부모들은 사회에 대하여 보상을 요구할 권리가 있다는 것을 깨닫고 있다.

또한 부모들은 자신들이 받고 있는 사회복지서비스가 수혜가 아니라 권리로서 자신들을 사회복지소비자로서의 지위회복이 필요함을 자각하여야 한다. 부모들은 자신들에게 주어지는 국가의 복지서비스가 양적으로 부족할 뿐만 아니라 질적으로도 문제가 많은 원인이 자신들을 복지수혜자로서 인식하는 사회의 잘못된 인식에서 비롯되었다는 것을 자각하여야 한다.

그리하여 부모들은 부모들의 욕구를 반영하지 않고 집행되는 각종 복지시책들을 장애인등록을 하지 않음으로써 거부하거나 더욱 적극적인 방식으로 권리회복에 나서고 있다. 부모들이 기금을 모아 장애아동 주간보호, 교육, 양육시설 등을 운영한다든지, 특수학교 운영위원회에 적극적으로 참여하는 것이 확산되고 있는 것이 대표적인 것이다.

(2) 지역별 장애아동 부모조직의 역할

① 교육운동단체

첫째, 지역부모회는 장애아동의 교육권 보호를 위해서 노력해야 한다. 특히 아직도 법적인 보호를 받고 있지 못하는 장애아동 조기교육 문제를 해결하기 위한 적극적인 활동이 필요하다. 조기교육실의 양성화를 위하여 보건소 내에 장애아동교육지원센터 확대 및 병설유치원에 특수학급 확대를 추진해야 할 것이다.

또한 장애아동의 교육의 질 향상 측면에서도 관심을 가져야 한다. 특수학교뿐만 아니라 일반학교 내에 특수학급에도 특수교육 전공자가 부족한 문제를 해결해 나가도록 촉구해야 한다. 또한 교육기자재 확보 등 장애아동의 교육환경 개선을 위한 예산 확보 운동도 병행해 나가야 한다.

둘째, 지역부모회 회원들은 자녀가 다니는 학교의 운영위원회에 적극 참여해야 한다. 현재 학교의 제반 운영에 있어서 절대적인 영향력을 가진 운영위원회에 장애아동 부모들이 적극적으로 참여함으로써 아이들의 교육권을 보호하고 교육의 질적 향상에도 도움을 줄 수 있다.

② 인권운동단체

지역부모회는 장애아동 및 보호자의 인권보호를 위한 적극적인 활동을 해야 한다. 이것은 지적장애인의 작은 권리라도 적극적으로 보호하겠다는 의지의 표현이기도 하다. 이를 위해 부모회는 먼저 적극적이며 안정적인 상담창구를 마련하여야 하며, 작은 사건이라도 끝까지 추적하여 해결해야 한다. 필요한 경우 법적 투쟁도 해야 하며 언론과의 관계도 원만히 하여 적극 활용해야 한다. 이러한 차원에서 다양한 영역, 즉 특수교육·의료·법·사회복지 차원의 전문가들을 조직하여 부모회를 지원할 수 있도록 노력해야 한다.

③ 자조운동단체

지역부모회는 지방정부에게 독립적인 목소리를 내기 위해 재정적으로 독립해야 한다. 이를 위해 회원들의 회비와 후원활동으로 활동비를 충당하겠다는 의지를 가져야 한다. 동시에 지역부모회는 부모들의 자생적인 모임의 활성화를 위해 노력해야 한다.

결국 지역부모회는 자신이 거쳐온 과거에 대해서도 관심과 애정을 가져야 한다. 장애아동 부모들은 자녀가 성장함에 따라 관심사항도 변하게 되는데 자녀가 어릴 때는 교육에 관심을 갖다가 성장하면서 복지영역에 관심을 갖는다. 따라서 부모회는 부모들 각자가 자신의 처지에 따른 관심사항에 대하여 적극적으로 표현하고 활동할 수 있도록 도와주면서 모두의 문제에 대해서는 공동으로 활동할 수 있도록 노력해야 한다.

2. 부모용 자료

1) 체험나누기 ♥부모

-지난주 과제에 대해 부모들이 돌아가면서 발표한다.

2) 6회기 모임의 주제 및 내용에 대하여 소개한다. ⚑강사

3) 부모들 간 상호 돕고자 자발적으로 만나는 모임은 어떤 도움이 될지에 대한 생각을 3가지 정도 간단히 기록한 후 발표한다. ◉ 강사와 부모

-

-

-

4) 같은 입장에 있는 다른 부모를 통해서 도움을 받은 적이 있다면 2가지 정도 간단히 기록한 후 발표한다. ◉ 강사와 부모

-

-

5) 강사가 특수아의 부모들이 서로 돕고자 자발적으로 만나는 집단모임의 중요성에 대하여 설명한다. ⚑강사

- 바람직한 특수아 부모단체에 대한 정보도 제공한다.

6) 부모는 6주간 특수아 부모교육을 통해서 어떤 도움을 받았는지 3가지 정도 기록해 본 후 발표한다. ◉ 강사와 부모

-

-

-

7) 과제: 장애아동 복지와 권익을 위한 행동자 역할을 하기 위해 어떤 일을 할 것인지에 대해 생각하고 실천한다(현재 부모교육 모임의 지속, 장애인부모연대 회원가입 등). ♥ 부모

8) 부모교육 프로그램의 평가 ◉ 강사와 부모

- 그동안 6회의 부모교육 프로그램에서 배운 점, 변화된 점 등 부모들의 생각과 느낌을 나누고 프로그램을 평가한다(질문지 준비).

▸ 부모교육 프로그램 평가내용

(1) 부모교육 프로그램에 대한 이해 정도는 어떻습니까?
(2) 강사가 부모교육 프로그램의 내용을 흥미있게 진행했습니까?
(3) 새롭게 배운 점은 무엇입니까?
(4) 변화된 점은 무엇입니까(부모, 자녀, 가족의 변화)?
(5) 기타 의견은 어떤 사항이 있습니까?

9) 수료식 ◉ 강사와 부모

- 강사는 그동안의 부모교육 모임의 참석을 격려하는 수료증을 나누어 준 후, 다과를 나누면서 부모교육 프로그램을 종료한다.
- 또한 특수아 부모들이 서로 협력하여 문제를 해결해 나갈 수 있도록 부모들의 지속적 모임을 격려한다.

APPENDIX

부록

특수아 부모교육 및 자녀지원을 위한 관련기관

기관명	홈페이지
건강가정지원센터	www.familynet.or.kr
김영애 가족치료 연구소	www.familycounseling.co.kr
다문화 가족지원 포털	www.liveinkorea.kr
서울시 한부모가족지원센터	www.seoulhanbumo.or.kr
서울시유아교육진흥원	seoul-i.sen.go.kr/
서울시정신건강복지센터	https://www.blutouch.net
서울장애인 가족지원센터	seoul.dfsc.or.kr/
서초구정신건강복지센터	http://www.scgmhc.or.kr
서초장애인가족지원센터	sc.dfsc.or.kr
장애인활동지원	https://www.ableservice.or.kr:8443/
전국장애인부모연대	http://www.bumo.or.kr
중앙육아종합지원센터	www.central.childcare.go.kr
최성애박사의 HD가족 클리닉	www.handanfamily.com
한국MBTI 연구소	www.mbti.co.kr
한국가족상담교육 연구소	www.consult.or.kr
한국건강가정진흥원	www.kihf.or.kr
한국보육진흥원	www.kcpi.or.kr
한국부모교육센터	www.koreabumo.com
한국심리상담 연구소	www.kccrose.com
한국에니어그램교육 연구소	www.kenneagram.com
한국장애인고용공단	https://www.kead.or.kr
한국청소년 상담복지개발원	www.kyci.or.kr
홍경자 한국심리상담센터	www.gocounseling.co.kr

참고문헌

김미경(1999). 성공으로 이끄는 신세대 엄마의 자녀교육. 서울: 교육아카데미.

김수진 · 구미아 · 윤송하 · 윤주연 · 이성호 · 이수민 · 조정숙 · 조현정(2019). 특수아 부모교육론. 서울: 동문사.

김영환 외(2009). 특수아동의 이해. 서울: 태영출판사.

김인자(1989). 효과적인 부모역할훈련(PET). 서울: 한국심리상담연구소.

김정택 · 심혜숙(1991). MBTI 안내서. 서울: 한국심리검사연구소.

김정택 · 심혜숙(1991). MBTI. 서울: 한국심리검사연구소.

김진숙(1988). 발달지체아동을 위한 응용행동분석프로그램개발과 부모교육을 통한 적용효과. 중앙대학교 대학원 박사학위청구논문.

김진숙 · 김지은(1997). 자녀와의 사랑만들기. 경기: 양서원.

김진숙 · 김지은 · 연미희 · 이인수(2014). 인간관계와 의사소통. 서울: 창지사.

김희진(2006). 유아교육기관에서의 부모교육과 지원. 서울: 파란마음.

박성연 · 김상희 · 김지신 · 박음임 · 전춘애 · 임희수(2003). 자녀와의 진정한 만남을 위한 부모교육. 경기: 교육과학사.

박창현 · 김근진 · 이은혜 · 배율미(2019). 장애 영유아 양육 실태 및 요구조사. 육아정책연구소.

백경숙 · 윤지영(2004). 부모역할만족도와 부모역할지능에 관한 연구. 한국영유아보육학회. 39권 39호. 1-19.

연미희(1994). 한국부모에 대한 PET 부모교육 프로그램의 적용성 평가. 경희대학교 대학원 박사학위청구논문.

연미희 · 김진숙(2008). 부모교육 이론과 실제. 서울: 동문사.

연미희 · 김진숙(2006). 배우는 부모 행복한 아이. 서울: 태영출판사.

연미희 · 김진숙(2015). 부모교육. 서울: 동문사.

유수현(1994). 임상사회사업분야에서 스트레스 관리기법의 활용. 숭실대학교 대학원 박사학위논문.

이경우 역(1992). 당신도 유능한 부모가 될 수 있다(STEP). 서울: 창지사.

이소현(2003). 유아특수교육. 서울: 학지사.

이순형 외(2012). 부모교육. 서울: 학지사.

이연섭 · 강문희(2000). 부모교육. 경기: 정민사.

이영석 외(1999). 현대부모교육론. 서울: 형설출판사.
이영호 · 김혜숙(2015). 장애아동 부모교육의 실제. 경기: 공동체.
이원영 · 이태영 · 강정원(2008). 영유아 교사를 위한 부모교육. 서울: 북카페.
이은화 외(1999). 유아기 자녀를 위한 총체적 부모교육 프로그램. 서울: 창지사.
이재연 · 김경희(1993). 부모교육. 경기: 양서원.
이형득 외(1988). 부모교육. 서울: 형설출판사.
장혜순(2008). 부모교육 및 상담의 이론과 실제. 서울: 파란마음.
정소연(2013). 자녀의 장애가 가족에게 끼친 긍정적 및 부정적 영향: 어머니의 인식과 관련 요인. 가족과 문화. Vol 25, No 2.
조복희 · 이민형(2020). 영유아발달. 경기: 교육과학사.
존 가트맨 · 최성애 · 조벽(2011). 내아이를 위한 감정코칭. 서울: 한국경제신문.
최혜순(2011). 부모교육. 서울: 동문사.
홍경자 역(1995). 현대의 적극적 부모역할훈련(APT). 광주: 한국심리교육센터출판부.
황옥자 · 이지연 역(2012). 영유아의 부모 STEP. 서울: 창지사.

Gordon, T.(1975). *Parent effectiveness training*. New York: New American Library.
Gordon, T.(1975). *Parent effectiveness training*. The tested way to raise responsible children(rev ed.). New York: Peter Wyden.
Harris, T.(1969). *I'm OK-You're OK*. NY: Harper & Row.
James, M.(1974). *Transactional Analysis for moms and dads.* Mass: New Addison-Wesley.
James, M.. C. Jongward, D. C.(1971). *Born to Win.* Mass: New Addison-Wesley.

[참고 사이트]
국가통계포털. http://kosis.kr/index.do(2020.10.25.)
서울장애인가족지원센터 홈페이지. http://seoul.dfsc.or.kr(2020.10.9.)
서초장애인가족지원센터 홈페이지. http://.sc.dfsc.or.kr(2020.9.5.)
전국장애인부모연대 홈페이지. http://www.bumo.or.kr(2020.10.19.)

저자소개

연미희

미국 Oregon State University 대학원(Ed.M., 유아교육전공)
경희대학교 대학원(가정학박사, 아동학전공)
현, 명지전문대학 유아교육학과 교수

<저서>
예비부모교육(공저, 동문사, 2020)
우리아이 3일의 기적(공역, 어가, 2018)
나도 부모가 처음이야(공저, 어가, 2017)
유아교육개론(공저, 동문사, 2017)
영유아발달과 교육(공저, 공동체, 2017)
부모교육(공저, 동문사, 2015)
인간관계와 의사소통(공저, 창지사, 2014)
배우는 부모, 행복한 아이(공저, 태영사, 2006)
부모교육 이론과 실제(공저, 동문사, 2001)
바람직한 자녀와의 대화방법(공역, 학문사, 1990)

특수아 부모교육

초판 1쇄 인쇄 / 2020년 12월 2일
초판 1쇄 발행 / 2020년 12월 7일

•

저 자 / 연 미 희
발행인 / 이 중 수
발행처 / **동 문 사**

•

서울특별시 서대문구 홍제원 1길 12
(홍제동 137-8)
Tel : 02)736-3718(대), 736-3710, 3720
Fax : 02)736-3719
등록번호 : 제9-17호
가격 : 15,000원

•

ISBN : 979-11-6328-232-7 (93370)
E-mail : dong736@naver.com
www.dongmunsa.com